La rage de vivre

Du même auteur

La magistrature rwandaise dans l'étau du pouvoir exécutif, CLADHO, Printer Set, 1993.

La Battante. Renaître après le génocide des Tutsis, Fauves, 2018.

9, rue de l'École-Polytechnique – 75005 Paris
www.michalon.fr
ISBN : 978-2-347-00299-2

François-Xavier Nsanzuwera

La rage de vivre

Préface de Patrick Charlier

Michalon Éditeur

À mon beau-frère, Pierre Célestin Muhirwa,
son épouse, Julie Martin,
et leurs adorables enfants,
Malayika, Aloïs et Zélie.

« Qui n'a vu Ntarama, Nyamata, Murambi, ce Murambi qui nous importe, après le génocide ne peut comprendre au plus profond le traumatisme des victimes. Ntarama, une église en marge de la route où un panneau indique : "Église de Ntarama, site du génocide, plus ou moins 5000 personnes". Des bancs alignés comme à l'école, les cadavres à l'époque étalés entre les bancs, le long des murs, près de l'autel, les uns contre les autres, les uns sur les autres plus ou moins bien conservés. La plupart des visages étaient encore marqués par la douleur, les crânes étaient fendus, les membres mutilés. Les impacts des balles traversaient les plafonds, les traces de sang s'étalaient le long des murs et l'odeur de la mort que je retrouverai sur tous les sites du génocide pendant de très longues années. »

Gilles Paruelle
Ancien bâtonnier du Val-d'Oise,
Extraits des plaidoiries devant la cour
d'assises de Paris dans l'affaire Bucyibaruta.

Préface

Comment dire l'indicible ?
Comment témoigner malgré tout ?
François-Xavier Nsanzuwera commence doucement, évoquant l'expérience du migrant qui s'intègre petit à petit dans la société qui l'accueille. Sans cacher les difficultés, les comportements racistes et intolérants, il porte volontairement un regard bienveillant et positif sur ce qui lui arrive. Après avoir connu le pire, il n'y a que du bon qui puisse advenir.
Puis il évoque la vie du Rwanda, au temps de la colonisation belge, fixant l'une ou l'autre balise pour deviner un peu du contexte de ce génocide dont on sait qu'il va advenir et qui sera le cœur de l'histoire.

Je suis moi-même héritier de ce passé colonial. Mon père est né à l'est du Congo, pas tellement loin du Rwanda. Il y a vécu toute sa jeunesse et toute son adolescence. Ma grand-mère a quitté le Zaïre en 1973. Mon enfance a donc été baignée des récits de ce qu'ils ont vécu en Afrique. Même si les témoignages sont évidemment marqués par la position que chacun occupait dans cette société coloniale, quelques expériences communes m'ont cependant troublé. Je pense, par exemple, à ce passage où François-Xavier Nsanzuwera évoque ce prêtre qui, pour abuser des enfants, leur donnait un sucre. Il fait écho à ce que mon père a lui-même vécu dans des circonstances analogues. Mais aussi, grimper dans les arbres pour chiper des fruits, l'internat, l'interdiction d'écrire aux filles, mon père s'étant même fait renvoyer d'une école pour avoir écrit à la sœur d'un compagnon de classe. Ces anecdotes ancrent le récit dans une quotidienneté qui rendra la suite d'autant plus éprouvante.

Et en une fois, l'épouvantable arrive. En quelques pages, de manière presque clinique, Martin, le narrateur, rapporte comment ses parents, ses frères et sœurs sont massacrés dans les premières heures du génocide. L'ami qui lui vient en aide lui intime de *survivre*. Et c'est ce qu'il va s'employer à faire tout au long de sa fuite, de son errance, avec une *rage de vivre* chevillée au corps. Pour perpétuer son clan, pour témoigner, parce que la vie est plus forte que la mort.

Survivre a aussi été possible grâce à l'aide, au soutien, aux encouragements de toutes ces personnes qui ont refusé de sombrer dans la folie génocidaire, qui ont résisté, qui ont pris des risques, qui l'ont parfois payé de leur vie. Le mal n'est jamais inéluctable et François-Xavier Nsanzuwera traduit ces éclairs d'humanité tout au long du périple de Martin. C'est aussi un message d'espoir qu'il partage avec nous. Après la survie vient la vie.

Patrick Charlier

Directeur d'UNIA – Centre interfédéral pour l'égalité des chances

L'accueil de réfugiés syriens

Le bourgmestre de ma petite commune rurale en Wallonie, au pays des collines, a décidé d'organiser une réunion pour convaincre ses électeurs que la commune doit accueillir des demandeurs d'asile venus de Syrie.

Rescapé du génocide commis contre les Tutsis, je vis en Belgique depuis plusieurs années. Pour le bourgmestre, je suis un modèle d'intégration. Il faut donc que je témoigne pour tranquilliser tous ces braves citoyens, dont la plupart sont nés là. Le boucher, le boulanger ou le pharmacien du coin connaissent tout le monde ; tous sont leurs habitués. Untel est allé à l'école avec untel ; unetelle a eu sa communion avec untel ; on a assisté aux mariages du fils et de la fille d'untel… C'est l'âme de la campagne. Tout cela n'existe pas dans les grandes villes. Les piétons y sont comme des voitures qui passent sans qu'on y prête attention. On ne s'intéresse pas au voisin de palier, on ne sait pas d'où il vient. On estime qu'il est prudent de s'occuper de ses propres affaires. Alors que chez nous, dans notre commune rurale, tout le monde s'intéresse à tout le monde. Il n'y a pas longtemps, ses habitants ont vu débarquer quelques rares couples de noirs. On peut les compter sur les doigts d'une main. Mais très vite, nous avons été acceptés, même nos enfants ont été bien accueillis par leurs camarades d'école.

Le bourgmestre n'a pas tort : je suis bien intégré dans ma commune. Tout le monde connaît ma femme et mes trois adorables enfants. La cadette fait de la danse. Mon fils, Mattéo, est champion de judo dans le club de son école et il joue bien au football. Sa maman, très fière, aime lui dire, quand elle est de très bonne humeur, qu'il est beau comme son père. Depuis qu'il a giflé une camarade de classe, mon fils est très populaire. Pourtant l'institutrice, bien que nous nous entendions très bien, ne m'a jamais parlé de cet incident.

Comment ai-je donc appris cette terrible nouvelle, moi qui ai éduqué mes enfants dans la non-violence ? Un soir, ma fille aînée, Hannah, rentre de l'école et me dit que son petit frère a giflé une camarade. Sans poser de questions, je donne moi-même une gifle à mon fils, comme mon père le faisait souvent quand j'avais fait des bêtises (et Dieu sait combien j'excellais en bêtises). Mon fils n'a pas pleuré et m'a regardé droit dans les yeux : « M'as-tu demandé pourquoi j'ai frappé ma camarade de classe ? » Pas très fier de moi, je l'écoute m'expliquer que cette petite fille l'a traité trois fois de « petit nègre », avec un sourire narquois. À ces mots, mon sang n'a fait qu'un tour. J'ai regretté d'avoir puni mon fils. J'avais été injuste. Comment demander pardon à mon champion ? Timidement, je lui ai demandé de s'adresser à la maîtresse la prochaine fois qu'un camarade l'insultera.

Mon fils a acquiescé mais je doute qu'il le fasse. Il ne supporte pas l'injustice. J'ai encore du travail pour lui faire comprendre qu'on ne se rend pas justice soi-même dans un État de droit. Mais il a du temps devant lui, il saura tout cela et je sais que cet incident ne se reproduira pas dans son école.
Sa grande sœur a dû, elle aussi, s'imposer. Un jour, un garçon de sa classe, complexé par la grande taille de ma fille, lui a demandé si, dans son pays d'origine, il y avait des girafes. Mes trois enfants sont nés en Belgique; ils n'ont jamais habité le continent africain. Nullement décontenancée, ma fille lui a répondu que les amis de ses parents au Rwanda avaient des girafes dans leurs jardins! Et le jeune garçon l'avait crue!
Excepté ces quelques rares incidents, les citoyens d'origine étrangère participent comme tout le monde à la vie de la communauté. Il n'y a pas de cas de discrimination et je n'ai jamais entendu parler de bavure policière ici. Pour rien au monde je ne voudrais vivre ailleurs!

Vivre dans les Flandres

Avant d'habiter cette commune dont le bourgmestre était fier de me présenter comme une réussite d'intégration, j'ai vécu dans un village du Brabant flamand. Un de mes voisins crachait par terre chaque fois qu'il me voyait. Ce geste grossier et méprisant me faisait enrager mais je ne réagissais pas.

À cette époque, je n'avais pas fait beaucoup de progrès en néerlandais. J'avais arrêté les cours le jour où l'enseignante nous avait dit, avec beaucoup d'autorité, qu'il fallait lui demander l'autorisation avant d'aller aux toilettes. Je ne me voyais pas, à 40 ans, demander la permission comme un enfant.

La plupart de mes condisciples étaient des personnes sans emplois qui apprenaient une deuxième langue pour trouver un boulot plus facilement.
Mais revenons à mon voisin. Un soir, après une longue et épuisante journée de travail, j'avais trouvé mon épouse, enceinte de notre aînée, les yeux rougis. Elle avait pleuré tout l'après-midi. Alors qu'elle garait notre voiture en face de sa maison, il lui en avait interdit l'accès et l'avait insultée. Pourtant, la place était publique ! Dans ma rue, tout le monde garait sa voiture là où il voulait. D'ailleurs, la première fois que je suis rentré chez moi, j'ai été étonné de devoir garer ma voiture à un kilomètre quand quelqu'un d'autre s'était mis devant ma propre maison. Quand on m'avait expliqué que c'était la loi, je m'étais dit que la démocratie avait quand même ses travers !
Fou de rage, j'avais sonné à la porte de ce monsieur, que j'avais surnommé Tipo Tipo[1].

1. Ma grand-mère m'avait expliqué comment la monarchie avait été renversée en 1959, au Rwanda. Les paysans hutus avaient brûlé les maisons de leurs voisins tutsis. Certaines familles tutsies avaient été tuées, d'autres s'étaient réfugiées

Je lui avais dit que, s'il s'en prenait de nouveau à ma femme, je lui tordrais son gros cou. J'avais passé la nuit sans dormir. Le lendemain, monsieur Tipo Tipo avait installé deux chaises sur la chaussée pour empêcher les voisins de se garer devant chez lui. J'avais enlevé les chaises, les avais mises devant sa porte et j'avais garé ma voiture. Il était sorti de sa maison, avait craché de nouveau par terre et m'avait insulté en néerlandais. J'avais répliqué que, la prochaine fois qu'il cracherait par terre, j'irais uriner devant sa porte. J'étais arrivé en Belgique à l'âge de 18 ans, j'avais échappé aux machettes au Rwanda mais j'étais prêt à en acheter une

---

dans les pays limitrophes comme le Burundi, le Congo, l'Ouganda et la Tanzanie. Ma grand-mère m'avait expliqué que les paysans hutus avaient participé à ces violences parce que leurs leaders politiques, appelés à l'époque « Abaparmehutu », les y avaient incités. Ces leaders hutus avaient bénéficié de l'encouragement et de l'aide de l'administration coloniale belge. Ma grand-mère m'avait dit qu'un militaire belge, surnommé Tipo Tipo, avait fourni des boîtes d'allumettes aux paysans hutus. Il m'a été impossible de vérifier le vrai nom de ce Belge, fonctionnaire de la colonie. Les plus éduqués de la génération de ma grand-mère m'ont parlé d'un major belge de l'armée coloniale qui aurait incité les Hutus à incendier les maisons des Tutsis. On sait maintenant que la colonisation belge a appuyé la révolution sociale de 1959.

pour défendre ma petite famille. À ces mots, je l'avais vu perdre contenance. J'étais moi-même étonné de ma propre violence, prêt à tout pour défendre mon épouse et le bébé qu'elle portait. J'avais perdu mes parents, mes frères et sœurs pendant le génocide tutsi, il était de mon devoir d'avoir de nombreux enfants pour remplacer ceux qui étaient morts, et mon épouse m'avait promis autant d'enfants que je voudrais. Nous étions fous amoureux, nous le sommes toujours. Elle ne comprenait pas cette haine gratuite qui a emporté ma famille. Qui la comprendrait?

Après cet incident qu'aujourd'hui je regrette, mon voisin Tipo Tipo cessa de nous nuire, même s'il ne me saluait toujours pas. Il rentrait directement chez lui sans se retourner quand il me voyait dehors. C'était comme s'il avait aperçu le diable en personne! En revanche, chaque fois qu'il rencontrait mon épouse, il la saluait et lui demandait des nouvelles de notre princesse, l'aînée de mes enfants, qui ressemble beaucoup à sa grand-mère.

Avec le recul, je me dis que Tipo Tipo a compris la raison de ma violence: protéger ma famille, le plus grand cadeau que je pouvais recevoir après avoir tout perdu au pays de mes ancêtres. Il n'a jamais fait un pas vers moi et nous ne sommes pas devenus amis, mais je ne pense pas que nous étions ennemis.

Une autre voisine, madame Fabienne, avait la mauvaise habitude de sonner à ma porte chaque fois qu'un enfant faisait du bruit. Je ne me plaignais pourtant jamais de ses bruyantes disputes avec ses jeunes amants du week-end ni du volume sonore de la musique. Je voyais beaucoup d'hommes défiler chez elle et c'était son droit. Mais pour être honnête, j'ai mis du temps à accepter cette « normalité » des choses. Elle m'avait rendu la vie si difficile que je voulais tout savoir sur sa vie. Or, tout se sait dans un village, qu'il soit africain ou européen.
Elle ne m'aimait pas et me le faisait savoir. Moi aussi, j'ai appris à ne pas l'aimer, mais je n'avais pas le courage de le lui montrer. Elle voulait savoir pourquoi cette famille de Noirs avait atterri dans leur village ; elle

avait ainsi demandé à une voisine qui travaille à Bruxelles si Matonge[2] et Molenbeek[3] n'acceptaient plus les « Blacks ». Pour elle, il était insupportable d'avoir des familles noires dans le village. Ce serait une profanation de voir un Noir enterré un jour au cimetière, avait-elle dit un jour à l'une de ses rares copines.

Elle avait un jour écrit au service de l'environnement pour dire que j'avais des poules. Le coq chantait très tôt le matin et la réveillait. Je n'étais pas le seul à avoir un petit poulailler, car on parlait des œufs bio dans toutes les émissions télé. Tout le monde ou presque dans notre rue en avait. Je reçus une lettre de ce service m'enjoignant de m'occuper de mon coq, sous peine d'amende. Satisfaite,

---

2. Matonge est un quartier de Bruxelles, appelé aussi le quartier africain de Bruxelles. On y trouve plusieurs restaurants africains, surtout congolais, ainsi que des salons de coiffure pour Africains. Malheureusement, ce quartier est connu pour son trafic de drogues et ses manifestations violentes à l'égard de la police.

3. Molenbeek est l'une des dix-neuf communes de Bruxelles, habitée à majorité par des Belges d'origine marocaine. Cette commune est devenue tristement célèbre avec les attentats terroristes de 2016. Elle a cependant son charme et de bons quartiers, comme Buffon et Karreveld.

ma chère voisine était venue frapper à ma porte pour me demander si j'avais reçu cette lettre et, surtout, si je l'avais comprise. Elle se prenait pour une institutrice !

Un jour, elle interrogea l'un de mes amis, qui habitait en face de chez nous : comment ces Noirs arrivaient-ils en Belgique ? Du Maroc, les Arabes pouvaient arriver par bateau. Mais, elle avait du mal à comprendre : comment les Noirs subsahariens se rendaient-ils en Europe ? « Où est-ce qu'ils trouvent de l'argent pour prendre l'avion ? », lui avait-elle demandé.

Allez savoir pourquoi, alors qu'elle n'aimait pas les Arabes et les Noirs, elle s'est offert un voyage à Marrakech, où elle avait vu, a-t-elle confié à une voisine, beaucoup d'Arabes !

Pour ma part, je suis allé en vacances en Afrique du Sud. Je voulais voir le pays de mon idole, Nelson Mandela, le père de la nation arc-en-ciel dont rêvait l'archevêque Desmond Tutu, à l'époque de l'apartheid.

Nous sommes arrivés à l'aéroport de Johannesburg de nuit. Les enfants dormaient. Le lendemain matin, nous avons visité les *townships* de Soweto. Il y avait beaucoup de jeunes dans les rues. Mattéo était encore petit. Quand il a vu autant de Noirs, il m'a dit, très excité : « Papa, il y a plein de Noirs ici ! » Sa maman et moi avons éclaté de rire. « Ils sont chez eux, champion », lui ai-je répondu. Je lui ai caché ma tristesse et ma colère de voir ces bidonvilles, tous ces enfants qui n'allaient pas à l'école et toute la violence sociale que dégageait cet endroit. Nous avons admiré les grands buildings de la capitale économique du pays, Johannesburg, et les belles avenues de sa capitale politique, Pretoria. J'étais admiratif devant ces Noirs sortis de l'apartheid au volant de ces grandes limousines, ces grosses Toyota Land Cruiser que l'on appelle en Afrique « V8 » à cause de leur grande cylindrée, mais c'était révoltant de voir la misère qui frappait les habitants des bidonvilles comme Soweto. C'était, à cette époque, une plaie dans cette Afrique du Sud post-apartheid. J'aimerais y retourner pour voir si les choses ont changé, sinon l'indépendance n'aura rien apporté à cette belle nation arc-en-ciel.

Pour en revenir à la lettre du service de l'environnement, elle était écrite en néerlandais. Mes connaissances dans la langue de Vondel étaient limitées et le sont toujours. Quand la lettre est arrivée avec l'en-tête de la commune, mon cœur s'est mis à battre très fort. Je savais qu'elle ne contenait pas une bonne nouvelle. Dans ce beau pays, quand on reçoit une lettre de l'administration, c'est souvent des impôts ou d'autres factures à payer. J'ai rarement reçu des lettres de l'administration m'annonçant de bonnes nouvelles. Lorsque des familles rwandaises m'envoient des messages pour me demander de l'argent (trop souvent), je leur réponds, quand je suis agacé, que je suis au pays des factures. Je leur explique ce qu'est un facteur et je leur fais comprendre qu'il passe pour déposer dans ma boîte aux lettres des factures ou de la publicité pour m'inciter à dépenser le peu d'argent qu'il me reste après avoir payé toutes les factures. Allez dire cela à mes amis au Rwanda ! Ils pensent que je roule sur l'or. Parfois, je les comprends. Certains de mes compatriotes, avant de passer des vacances au pays natal, demandent un prêt ou font des économies pour s'offrir le dernier modèle d'iPhone, le parfum à la mode ou le dernier modèle de baskets, afin d'impressionner leurs amis restés au village. Il faut expliquer à ces « villageois » que l'on a réussi en Europe. Les premiers jours de leur arrivée au pays, ils sortent avec un ou deux amis dans les restaurants pour expatriés de la capitale rwandaise, alors qu'en Belgique, ils n'ont pas les salaires et les avantages de ces expatriés. Tout pour impressionner et éviter d'avouer que la vie en Europe est dure et souvent ingrate. Ce sont ces compatriotes qui alimentent le mythe de l'Occident. En Europe, tout ne finit pas comme dans *Pretty Woman* où Julia Roberts épouse Richard Gere !

Ce jour-là, j'ai traversé la rue pour demander à mon ami flamand, Arnaud, de me traduire la lettre de l'administration communale. Nous nous entendions bien. Quand il faisait beau, Arnaud m'invitait le week-end pour déguster des bières belges. Arnaud travaillait dans une brasserie à Bruxelles. À chaque visite, j'avais droit à une nouvelle sorte de bière. Les Rwandais aiment beaucoup la bière. Sur le continent, nous rivalisons avec les Burundais et les Tchadiens. Mes frères africains vous raconteront que ce sont eux qui battent tous les records. En tout cas, mon ami belge s'était fixé comme mission de faire de moi un bon connaisseur de bières belges. À défaut de progresser en néerlandais, il fallait acquérir tout de même quelques notions du savoir-vivre de mon village flamand. Il ne suffisait pas d'aimer les frites et les carbonades flamandes.

En parlant de carbonade, j'ai un jour demandé des carbonades flamandes dans un restaurant parisien du Quartier latin. Le serveur m'a regardé d'une façon étrange et je me suis excusé en lui disant que c'était mon plat préféré et qu'avec la circulation des personnes et des biens, j'espérais manger un plat belge dans la capitale française ! Il ne faut jamais plaisanter avec les Parisiens, surtout quand on a un accent d'outre-ailleurs. Peut-être qu'avec un accent d'outre-mer, certaines blagues pourraient passer, mais pas avec un accent d'Afrique de l'Est ! Il ne faut pas pousser trop loin la provocation.

Après la traduction de la lettre du service de l'environnement et quelques bouteilles de Chimay, ma bière belge préférée, Arnaud m'a demandé pourquoi j'avais acheté une maison en Flandre. « Quitter un pays ensoleillé pour atterrir dans un pays froid dont on ne parle pas la langue, c'est quelque chose ! », s'était-il exclamé. Il avait du mal à comprendre mon histoire. S'en était suivi une longue leçon sur l'histoire du génocide des Rwandais tutsis et les relations entre le Rwanda et la Belgique.

Arnaud ne savait pas que j'étais arrivé après le génocide, au printemps 1994. Tout le monde en Belgique connaissait ce génocide commis presque en direct sur les télévisions du monde entier. Ce que tout le monde ne savait pas, en revanche, c'était l'indifférence des puissances mondiales face au massacre. Même la Belgique, qui avait le plus des Casques bleus au Rwanda, les avait retirés au déclenchement du génocide. Durant trois mois, plus d'un million de Tutsis, hommes, femmes et enfants, ont été massacrés par des éléments de l'armée, des gendarmes, des miliciens interahamwe[4] et des paysans hutus. Les opposants politiques hutus ont été tués par des extrémistes hutus. Des Hutus mariés à des femmes tutsies et des Hutus qui ont tenté de cacher leurs voisins tutsis ont été menacés. Beaucoup de Belges ignorent que la Belgique a même abandonné des Rwandais qui avaient cherché refuge auprès de ses Casques bleus.

Mon ami Arnaud avait vu les images terribles du génocide à la télévision belge, mais il n'avait jamais voyagé en Afrique noire. Il n'avait aucun lien avec ce continent. Il n'était pas indifférent à la souffrance de ce peuple, mais le Rwanda, c'était très loin pour lui. À la rigueur, il entendait parler parfois du Congo, l'ancien Zaïre du maréchal Mobutu. Et puis, il y avait le quartier

4. Les Interahamwe étaient la milice du parti du Mouvement révolutionnaire national pour le développement (MRND). Ils étaient dévoués corps et âme au président Habyarimana et à leur parti. Ils étaient reconnaissables à leurs uniformes en kitenge aux couleurs du parti : rouge, noir et vert. Ils avaient reçu un entraînement militaire. Ils se sont distingués par leur cruauté pendant le génocide commis contre les Tutsis.

Matonge à Bruxelles, où ceux qui aiment les fruits exotiques vont s'approvisionner. Mais en ce qui concernait le Rwanda et son petit voisin le Burundi, il ignorait presque tout.

Le petit séminaire

Je racontai à Arnaud que, au petit séminaire de Kabgayi, où j'ai fait mes études secondaires, il y avait des prêtres flamands et des prêtres wallons. J'avais même eu un prêtre français comme professeur d'histoire. C'est comme ça que je suis devenu un admirateur de Napoléon et du général de Gaulle. Ils étaient de bons guerriers, comme les rois de mon Rwanda natal. C'est curieux cette admiration pour les conquérants alors que la plupart d'entre eux ont construit leurs empires sur le sang d'innocents.

Notre livre de mathématiques était un manuel scolaire belge. Il y avait des exercices sur des trains qui partaient de différentes villes belges et on nous demandait à quel endroit ou à quelle vitesse ils allaient se croiser. Mais il n'y avait pas de trains au Rwanda, et même aujourd'hui, il n'y en a pas. J'ai vu un train pour la première fois à mon arrivée en Belgique.

Les prêtres belges nous apprirent que la Belgique était habitée par les Flamands et les Wallons. On nous avait dit qu'ils ne parlaient pas la même langue. Quand j'étais au séminaire, je ne comprenais pas (comme tous mes camarades d'ailleurs), comment un même peuple pouvait habiter un même pays et ne pas parler une même langue. Nous sommes plus ou moins douze millions de Rwandais, nous parlons tous le kinyarwanda et, bien sûr, les langues héritées de la colonisation, à savoir l'anglais et le français. La jeunesse rwandaise s'est aussi mise au swahili, la langue la plus parlée en Afrique de l'Est.

Nous avions remarqué que nos professeurs belges ne prenaient pas leurs repas en même temps. Le recteur du petit séminaire était un vieux prêtre rwandais. La majorité des

professeurs étaient des prêtres belges. Bien que parlant tous français, un des prêtres nous avait expliqué qu'ils étaient différents. Il nous l'avait dit comme s'il nous faisait une confidence. C'était souvent lui qui allait manger le dernier au réfectoire des professeurs. Nous étions trop jeunes pour comprendre tout cela.
Un vieux prêtre flamand nous avait affirmé un jour, pendant son cours, que les Flamands étaient travailleurs et avaient plusieurs enfants, comme les Hutus ! Il disait que les Wallons étaient fainéants, qu'ils n'aimaient pas le travail physique comme les Tutsis. Nous ne comprenions rien à son discours, car la majorité des séminaristes, hutus et tutsis, venaient de familles paysannes nombreuses. La carte d'identité rwandaise pouvait recenser jusqu'à douze enfants par famille. Chaque père devait faire inscrire sa progéniture sur sa carte d'identité. On racontait que lorsque les gens dépassaient les douze enfants, le service de la population était obligé de leur donner une deuxième carte d'identité. Quelle auto-

rité administrative a décidé de ce nombre ? Je n'ai jamais pensé à faire de recherches là-dessus. Je pense que c'est peut-être lié aux douze apôtres de Jésus. La colonisation nous a laissé pas mal de choses ! Quant au travail manuel, la plupart des séminaristes venaient de familles catholiques rurales. Tutsis comme Hutus travaillaient la terre. Nous n'avions pas compris les comparaisons de ce prêtre, mais nous étions trop jeunes pour lui dire qu'il se trompait, en tout cas en parlant des Rwandais. Les Flamands et les Wallons, on ne connaissait pas !

Malgré ces sottises, toute ma classe aimait bien ce prêtre. Il n'y avait que le recteur rwandais qui ne l'aimait pas. Nous n'étions pas capables de comprendre les intrigues des adultes mais nous les avions remarquées. Une fois devenu adulte, j'ai su pourquoi le prêtre rwandais détestait son confrère belge. Ce dernier avait l'habitude de nous inviter dans son bureau et de nous offrir un bonbon. En retour, nous devions le laisser balader sa main dans notre uniforme scolaire, composé d'une culotte kaki et d'une chemise blanche à courte manche. Quand le recteur rwandais l'a su, il a interdit aux séminaristes d'aller dans les bureaux des prêtres. Nous étions fâchés contre notre vieux recteur. Nous n'avions plus droit à notre bonbon. Quand je suis arrivé en Belgique, j'ai réalisé que ce que nous croyions être un bonbon spécial était un morceau de sucre de l'usine de Tirlemont ! Ce jour-là, j'ai éclaté de rire au magasin. Les gens qui m'ont vu ont certainement pensé que j'étais fou. Et puis, quand a éclaté le scandale des prêtres pédophiles partout en Europe, j'ai tout compris.

Je racontai également à Arnaud, mon traducteur bénévole, que le jeune prêtre français, sportif, nous accompagnait souvent pour faire du camping pendant les longs week-ends de congé. Nous vivions en internat et nous rentrions dans nos familles pendant les vacances. Nous avions trois périodes de vacances : Noël, Pâques et les vacances d'été. Pendant les vacances de carnaval[5] ou le long week-end de Pentecôte, nous allions camper

5. Période de festivités avant le début du carême.

dans les forêts d'eucalyptus, loin du séminaire. Nous dormions sur des nattes et notre accompagnateur dans un sac de couchage. Ce genre de camp ressemblait aux camps scouts organisés en Belgique. Seulement, nous ne préparions pas nos repas : une camionnette du petit séminaire apportait directement sur notre campement.

Nous étions très gâtés, ce qui me fait dire souvent que j'ai eu une belle adolescence grâce à ce séminaire. Bien sûr, contrairement aux autres étudiants de notre âge, nous n'avions pas de petites amies. Il était même défendu d'écrire à une fille. Nous devions attendre les vacances scolaires pour revoir nos amies d'enfance. Ces dernières étaient d'ailleurs méfiantes vis-à-vis des séminaristes.

Une ancienne amie que j'aimais beaucoup, Donata, m'a un jour demandé ce que je trouvais d'extraordinaire dans la vie de prêtre. J'étais alors chez mes grands-parents. Ils habitaient la région du Bugesera, à une trentaine de kilomètres de l'endroit où vivaient mes parents. Mes grands-parents étaient des paysans-éleveurs. C'est chez eux que j'avais fait la connaissance de Donata. Nous étions assis dans l'herbe sur une petite colline surplombant la rivière Akanyaru qui était entourée d'une plaine de papyrus. Le vent soufflait dans les papyrus. Ils se pliaient vers la gauche, puis vers la droite, comme des enfants en pleine gymnastique matinale.

Ce mouvement de papyrus rythmé par le vent nous avait amusés. Nous avions beaucoup ri. Donata m'avait serré très fort dans ses bras. Nous nous étions enlacés comme les lianes des arbustes de cette savane herbeuse dans laquelle nous étions en train de nous rouler. J'avais promené ma main dans sa longue chevelure soyeuse, qu'elle enduisait chaque soir de beurre de lait de vache. Ses parents étaient propriétaires d'un grand troupeau. Dans ce monde paysan, ils étaient considérés comme des gens très riches mais ils étaient surtout très respectés. Mes parents avaient exigé que je reste toutes les vacances chez mes grands-parents, à la campagne, pour apprendre les travaux champêtres. Tous les jours, je passais chez les parents de Donata pour boire du lait.

Nous avions continué à nous rouler dans l'herbe verte et fraiche. Nous avions l'impression d'accompagner la danse des papyrus avec le vent. Le moment était magique, un de ceux qui passent dans votre vie et ne reviennent jamais. À un moment, elle avait voulu m'embrasser. Je l'avais repoussée sans délicatesse et elle m'avait demandé si je ne l'aimais pas. Je lui avais répondu que je l'aimais beaucoup, mais qu'étant séminariste je ne pouvais pas l'embrasser. Elle m'avait regardé droit dans les yeux et, très fâchée, elle m'avait traité de con. Ce jour-là, je l'ai perdue. Il m'a fallu des années pour le comprendre et lui donner raison.

*

Le séminaire était composé de quatre bâtiments autour d'une grande cour intérieure. Ces bâtiments abritaient les classes, les dortoirs des séminaristes, les chambres de prêtres, la chapelle, le réfectoire des séminaristes et le réfectoire des prêtres.

Un jour, nous avons demandé à notre jeune prêtre français pourquoi il se rendait toujours en dernier au réfectoire des professeurs. Il nous avait expliqué qu'il aimait manger seul parce que les autres prêtres parlaient entre eux en néerlandais. Un autre jeune prêtre francophone belge était resté une seule année au petit séminaire, puis il était parti. Nous ne savions pas où. Le jeune prêtre français nous avait expliqué qu'il avait rejoint un autre séminaire, avec des prêtres wallons, car il ne maîtrisait pas le néerlandais. Finalement, tout ce qui touchait à la Belgique était compliqué ; nous pensions que les mathématiques étaient compliquées, car on parlait de trains belges, de cheminots et de wagons, mais même la cohabitation dans une communauté religieuse semblait compliquée.

Je suis resté au petit séminaire quatre ans. Je n'étais pas guéri de la séparation avec ma petite amie que je n'avais pas eu le courage d'embrasser alors que j'en avais envie. Je m'étais juré de ne pas rater ma seconde chance en amour.

Être noir en Belgique

Plusieurs années après mon bref passage au séminaire, je me retrouvais en pleine bataille linguistique belge. Le voisin qui crachait par terre en me voyant, la voisine qui écrivait aux responsables de l'environnement pour se plaindre de mon coq parlaient bien français, mais ils refusaient de m'adresser la parole en français. Peut-être avaient-ils raison, mais ce n'est pas le sujet de mon histoire d'aujourd'hui. En tout cas, ce conflit de langues a beaucoup influencé ma vie dans ma nouvelle patrie.

Un jour, à la sortie de l'école, je trouvai mon champion Mattéo les yeux rouges. Était-il malade ? La maîtresse ne m'avait rien dit. Dans son cahier, il était noté qu'il avait bien mangé à midi et qu'il avait bien travaillé à l'école. Je n'avais donc pas à m'inquiéter. Lorsque je lui demandai pourquoi il avait l'air d'avoir pleuré, il m'expliqua qu'un camarade de classe lui avait dit qu'il était *zwarte*, donc noir. Je lui répondis qu'il était noir et qu'il devait en être fier tout en respectant la couleur des autres. Ce n'était pas une raison de pleurer ! Il n'y avait aucun mal à être noir. Mattéo répliqua qu'il était chocolat et il ne voulait pas que l'on dise qu'il était noir. Malgré moi, j'ai éclaté de rire. C'est vrai que, dans ma langue maternelle, il existe des mots différents pour désigner la couleur des personnes, des choses et des objets. Un objet noir est désigné par le mot *umukara*, la personne noire *umwirabura*. La personne blanche est qualifiée par le mot *umuzungu*, qui ne peut pas être utilisé pour parler d'objets. Les expressions *nuit noire*, *il fait noir*, etc. n'existent pas dans ma langue maternelle. Nous n'employons pas le qualificatif « noir » pour parler d'une nuit noire. Mattéo ne connaissait pas, bien sûr, ces nuances. Il ne se voyait pas noir comme l'une des couleurs du drapeau belge ! (Il adore par ailleurs ces couleurs parce qu'il est fan de football, surtout des Diables rouges.) Mais, lui, il n'était pas noir : il était chocolat.

Après ces incidents avec mes voisins, j'ai déménagé. J'ai acheté une maison dans le Hainaut, en Wallonie. Enfin, j'allais parler français avec mes voisins ! J'allais parler français au village, à la poste, chez le médecin. J'allais pouvoir parler avec les professeurs de mes enfants. Peut-être que mon ancien professeur d'histoire francophone, qui nous avait dit un jour que les Flamands étaient racistes, avait raison. Et voilà que ce genre d'incidents revenait, cette fois avec des enfants innocents et en Wallonie. Les Belges seraient-ils racistes ? Pourtant, Arnaud, mon ami flamand, mon ancien voisin, est pour moi comme un frère. Mes enfants considèrent comme leurs grands-pères les parents d'une amie flamande que j'ai connue à l'université. Alors que je suis indifférent à tous les problèmes politiques liés à l'immigration, aux langues, j'ai commencé à m'intéresser à la question du racisme. Avec le mouvement *Black Lives Matter*, je me suis demandé si je vivais dans un pays raciste. Des collègues belges allochtones, qui sont devenus ma deuxième famille, m'ont posé plusieurs fois cette question. La société belge est-elle raciste ? Par exemple, où la camarade de mon fils avait-elle appris cette expression de « nègre » ? Mes amis évitent souvent le mot « noir ». Ils disent « *black* » quand ils parlent des Africains subsahariens. Je ris en leur disant qu'ils sont en train de massacrer le français. *Black*, c'est noir en anglais, n'est-ce pas ? Ils n'ont pas à être gênés par cela. Je suis noir et je mourrai noir. Mais avant d'être noir, je suis une personne. Il n'existe qu'une seule race : la race humaine. Et puis, à la fin de notre vie ici-bas, nous retournerons tous dans la terre, quelle que soit la différence de prix du cercueil. Mais nous ne pensons jamais à cette réalité évidente. Lors d'un enterrement, nous réalisons violemment cette vérité. Ayez le courage de regarder chaque visage dans un cimetière lors d'un enterrement. Même les plus durs dans leur vie ordinaire sont perdus dans leurs pensées. Ils considèrent certainement leur propre mort. Malheureusement, cela ne change rien à leurs comportements, à leurs caractères : les racistes le restent, les corrompus le restent, les méchants et tous les pourris le restent. La vie est ainsi.

*

Mais revenons à ma réunion d'intégration de réfugiés syriens dans ma petite commune du Hainaut. Je dois donc parler de mon intégration et de l'entente qui règne dans notre village, qui n'est pas juste un discours politique mais bien une réalité. Quand je consulte le médecin de famille, nous prenons toujours quelques minutes pour parler des nouvelles. En rentrant de mon travail, je prends le temps de boire un verre avec les voisins. Il y a seulement deux bars au village. Tous les habitués me connaissent même si je ne suis pas un grand buveur.

Il est vrai que j'ai trouvé ma place ici, le bourgmestre a raison de me donner la parole. Je dois assurer aux citoyens de la commune que les réfugiés ne sont pas des envahisseurs, qu'ils vont participer à la vie économique, sociale et culturelle de notre commune.
En parlant de l'accueil de ces demandeurs d'asile, je vois défiler ma propre vie dans mon Rwanda natal. Comment suis-je arrivé en Belgique, loin de mon Rwanda natal ? Comment me suis-je retrouvé aujourd'hui « avocat » de la cause des réfugiés syriens ?
Mon histoire, je l'ai racontée récemment à mes collègues qui trouvent que je suis l'homme le plus insouciant qu'ils ont rencontré. Et pourtant… Je suis arrivé en Belgique quelques mois après la fin du génocide des Tutsis au Rwanda.

Quand les cauchemars du passé vous rattrapent

Je viens d'une famille de neuf enfants. Mes parents et mes huit frères et sœurs ont été tués pendant le génocide. Comme je l'ai dit plus haut, j'étais un enfant turbulent, le contraire de mon fils Mattéo. Je n'étais jamais à la maison. Quand je n'étais pas en train de démonter et remonter le transistor de mon père, je jouais au football avec mes camarades dans la cour de l'école primaire de mon village, à une vingtaine de kilomètres de la capitale.

Le jour où les militaires du camp de Kanombe, près de l'aéroport international de Kigali, ont tué mes parents, mon grand frère et mes sœurs, je n'étais pas à la maison. L'aîné de la famille, étudiant à l'Université de Fribourg, passait ses vacances chez notre sœur qui habitait la capitale avec son mari, haut fonctionnaire d'État. C'est là que mon frère a été tué par des miliciens interahamwe.

Quand l'avion du président Habyarimana a été abattu, la nuit du 6 avril 1994, pas loin de chez nous, puis quand les massacres des Rwandais tutsis ont commencé le 7 avril 1994, j'avais 17 ans. C'était les vacances de Pâques. J'étais assez grand et intelligent pour comprendre la situation, mais c'était la première fois que je voyais la peur dans les yeux de mes parents. Mon père était abattu ; il essayait de nous le cacher, mais je voyais qu'il se posait beaucoup de questions. Ce soir-là, il nous a demandé de dormir et de ne pas nous inquiéter. Lui n'a pas dormi. Il a passé la nuit devant la porte d'entrée de notre maison.

Le lendemain, quelques familles amies sont venues nous voir. Elles avaient appris que des Tutsis avaient été exterminés par des voisins hutus sur une colline proche de la nôtre. Mon père nous a demandé, avec mon grand frère, d'aller jouer avec les autres enfants comme si la situation était normale. Je suis allé jouer au football sur le terrain de l'école primaire de notre colline. Mon grand frère n'a pas voulu m'accompagner. Il avait mieux compris que moi le danger qu'encouraient ma mère, mes sœurs et les voisines qui étaient cachées chez nous. Il resta avec notre père.

Alors que nous étions en train de jouer, nous entendîmes des coups de feu, suivis de longs cris de gens qui appelaient à l'aide. Je pensai immédiatement à ma famille. Les coups de feu provenaient de la maison de mes parents. Je courus pour savoir ce qui se passait. J'ai pensé à mon père qui avait passé la nuit dehors. J'avais un mauvais pressentiment.

Sur le chemin, je croisai un de mes copains qui revenait de chez moi. Le matin, il m'avait vu aller au terrain de football. Il me prit dans ses bras et commença à pleurer. Il m'annonça que ma mère, mes sœurs et mes voisines avaient été tuées par un groupe de soldats. Qu'étaient devenus mon père et mon grand frère ?

Mon camarade m'apprit que des militaires les avaient conduits dans un bistrot du coin. Il m'ordonna de fuir. À présent, tous les voisins hutus savaient que notre famille était tutsie, ils me tueraient s'ils apprenaient que je n'étais pas à la maison. Je n'étais pas en sécurité.

Il m'accompagna dans la bananeraie de ses parents. Personne ne viendrait me chercher là, il allait se renseigner sur le sort de mon père et de mon grand frère. Lui ne risquait rien. Il était hutu et sa famille était nombreuse.

Je restai couché dans cette bananeraie en attendant l'arrivée de mon ami. L'attente fut longue. La nuit était tombée lorsqu'il revint me voir et m'apporta de quoi manger. Quand j'eus fini mon repas, il m'apprit que le groupe de militaires avait décapité mon père et que mon frère avait été tué à coups de couteau, car il avait essayé de se défendre. Je commençai à sangloter ; mon ami essaya en vain de me consoler. Il me supplia de ne pas faire de bruit et, surtout, de survivre.

Dans cette nuit noire, dans cette bananeraie dense, je ne savais pas où aller. Mon premier cours de religion me revint en tête. J'étais déjà en enfer. Ça ne pouvait pas être pire que la situation que je vivais. Mon jeune ami continuait de me parler. Je n'arrivais pas vraiment à l'écouter mais le mot survivre revenait souvent dans sa bouche. Finalement, je compris qu'il me disait de ne pas rester là, de fuir et de survivre, comme si c'était lui, avec ses mots, qui allait désormais déterminer mon destin. Les voisins allaient bientôt se mettre à ma recherche pour exterminer toute la famille. Et puis des gens allaient venir pour couper les bananes. Je n'étais pas en sécurité ici.

Je me souvins alors d'un ami de mon grand frère, infirmier dans un petit dispensaire de Bicumbi, près de chez moi. Je pouvais y arriver en une heure de marche mais il était dangereux de prendre la route et les grands chemins piétonniers. Tous les Hutus étaient sortis de leurs maisons, armés de machettes. La radio nationale et la RTLM[6], qui diffusait la haine à longueur de journée, exhortaient les Hutus à dresser des barrières et à arrêter les ennemis. La nuit du 6 avril 1994, après l'attentat contre l'avion du président Habyarimana, la RTLM avait déclaré que tous les Tutsis étaient des complices de ceux qui avaient abattu le Falcon présidentiel. Depuis le mois de janvier, une de mes grandes sœurs, qui était dans une école de la capitale, se faisait agresser par de jeunes Interahamwe qui lui demandaient de payer pour son petit nez. Ces Interahamwe, à la périphérie de la capitale, avaient en effet instauré ce qu'ils avaient appelé la « taxe pour le nez ». Les Tutsis, pour passer les barrières qu'ils érigeaient, devaient payer.

6. La Radio télévision libre des Mille collines (« RTLM ») est une radio privée qui, pendant le génocide des Tutsis, a incité au meurtre, a diffusé des émissions agressives contre la MINUAR et son commandant le général canadien Roméo Dallaire. La RTLM comptait parmi ses dirigeants l'historien Ferdinand Nahimana et le richissime Rwandais Félicien Kabuga.

Je devais éviter les routes et les chemins, car ces miliciens et les paysans hutus munis d'armes traditionnelles étaient partout. Je décidai de ne marcher que dans les bananeraies et les forêts en ayant en tête l'objectif d'arriver au dispensaire de Bicumbi. Cet ami de mon grand-frère venait souvent à la maison et était responsable de la pharmacie du dispensaire. Il était hutu mais il ne pouvait pas me trahir.
J'atteignis le dispensaire le lendemain et attendis la soirée pour me présenter à mon ami infirmier. Quand il vit mon regard hagard, il comprit que j'étais en fuite. Il me conduisit dans la pièce où il stockait ses médicaments et me demanda de ne pas faire de bruit. Il m'apporta à manger avant de fermer la pharmacie et de rentrer dormir à quelques mètres de là.
Le lendemain matin, il ouvrit sa pharmacie comme à son habitude. J'entendais des gens qui venaient acheter des médicaments et qui lui citaient les noms des familles tutsies tuées. Au milieu des médicaments, je tremblais. De l'endroit où je me trouvais, je

pouvais voir ce qui se passait à travers une petite fenêtre qui ne s'ouvrait pas. La peur et le manque d'air me faisaient transpirer.

La fille aux dents blanches et au sourire envoûtant

Quelques semaines plus tard, de cette cachette, je vis un groupe de familles tutsies que des militaires avaient fait asseoir par terre. C'était un groupe de militaires qui avaient quitté le front et fui en débandade les combattants du Front patriotique rwandais, le mouvement rebelle. Ils étaient les plus barbares. Ils prétendaient que leurs officiers supérieurs étaient des complices de l'ennemi ; ils n'avaient pas confiance en eux et avaient décidé de ne pas se battre. Ils violaient et tuaient sur leur passage.

Ils étaient en compagnie d'un groupe de miliciens interahamwe. Ces Interahamwe avaient les yeux rougis par le cannabis qu'ils fumaient à longueur de journée. Leurs armes étaient hétéroclites : certains portaient des fusils et des grenades comme les militaires, d'autres avaient des armes traditionnelles comme des machettes, des lances, des arcs ou des gourdins cloutés. J'appris plus tard qu'ils appelaient ces gourdins cloutés *nta mpongano y'umwanzi* (pas de pitié pour l'ennemi, c'est-à-dire pas de pitié pour le Tutsi).

Par la petite fenêtre de la pharmacie, je voyais cette soldatesque. J'avais l'impression d'assister à un film de Rambo, mais là, il n'y avait pas de Rambo pour exterminer les assassins.

Parmi ces familles tutsies, entourées par les militaires qui hurlaient comme des hyènes, je remarquai un couple bien habillé avec deux adolescentes et un garçon de mon âge. À leurs tenues, leur façon d'être, on devinait qu'ils avaient fait des études et menaient une vie confortable. La femme, dont les vêtements étaient pleins de poussières, était très belle et digne. Son mari, mince et de petite taille, portait un costume de prix et des lunettes aux montures dorées.

Je vis deux soldats prendre une des adolescentes. Ses yeux me fascinèrent. Je n'ai jamais vu de ma vie de si beaux yeux. Cette jeune fille, de l'âge de ma grande sœur assassinée, était d'une beauté renversante. Tout en elle était grâce et perfection. De longs cils bordaient de grands yeux candides, tous ses traits semblaient avoir été dessinés à la main. Les militaires la bousculèrent et l'ange esquissa un sourire bref mais éblouissant. Ce sourire, provoqué inconsciemment par l'instinct de survie, me laissa entrevoir des dents blanches, bien alignées, avec des lèvres pulpeuses et bien ourlées. Deux taches brillaient sur ses incisives, comme une fine couche de diamants. Très peu de filles de mon pays ont cette dentition. Dans ma langue maternelle, on appelle cela *inono*. Ces deux taches rendaient son sourire plus envoûtant. Il me rappelait la chanson que mon père aimait beaucoup, « Les yeux revolver » de Marc Lavoine.

J'aurais aimé l'embrasser avant de mourir. L'ami qui avait assisté à la mort de mes parents m'avait demandé de survivre, mais

je ne me sentais pas capable de remplir cette promesse. Je souhaitais mourir avec l'image de cet ange. J'imaginais sa peau douce et ses cheveux soyeux.
Quand les militaires l'obligèrent à les suivre, le père de la jeune fille tenta d'intervenir. L'un d'eux lui porta un coup de crosse dans les côtes et je vis le pauvre père se plier en deux. Sa mère supplia pour qu'ils la prennent à la place de son enfant. Malgré son grand âge, le plus jeune des soldats lui donna un coup de pied.
Mon regard était toujours braqué sur cette fille aux grands yeux. J'avais complètement oublié ma peur. J'avais oublié que j'étais un fugitif, un animal traqué. Quand les militaires l'obligèrent à se lever, je remarquai sa taille fine, ses hanches épanouies, ses seins arrondis et fermes. Elle avait de longues jambes galbées. J'imaginai la douceur de ses mains et la délicatesse de ses pieds, et je pensai aux journalistes de la RTLM qui traitaient les Tutsis de cafards, de serpents, d'insectes. Ils nous donnaient tous les noms d'animaux que l'homme n'aime

pas. Comment ces brutes de journalistes, les Kantano Habimana, Noël Hitimana, Valérie Bemeriki[7] et autres, pouvaient-ils qualifier de serpent, de cancrelat, une telle déesse de beauté ?
Les deux militaires conduisirent la jeune fille derrière les maisons. Le reste de la famille était tétanisée. Cette scène était inhumaine mais mon regard était subjugué par cette beauté que ses bourreaux traînaient certainement à l'abattoir.
Je ne sais pas ce qu'est devenu cet ange d'une journée. Cette nuit-là, j'ai pu dormir en rêvant à ses yeux, à ses longs cheveux et à sa fine taille. Dans mes rêves, je la touchais, je faisais le contour de son joli visage avec mes mains. Mes mains touchaient délicatement ses seins fermes qui semblaient m'indiquer la direction de son cœur. J'avais oublié que j'étais un fuyard qui ne savait pas où aller. Elle fut mon ange d'une nuit.

---

7. Valérie Bemeriki, alias Kanziga, fut jugée par la juridiction gacaca de Kimisagara. Elle fut reconnue coupable d'incitation au génocide et fut condamnée à vingt-huit ans d'emprisonnement. Je n'ai pas pu connaître le sort de Kantano Habimana et Noël Hitimana.

Plus tard, après le génocide, quand je suis devenu moi-même père de famille, j'ai pensé au père de cette innocente. Je prie chaque nuit pour ne pas vivre ce calvaire. Je ne peux pas m'empêcher d'imaginer la souffrance de ce père qui n'a pas pu sauver son propre enfant. J'ai toujours espéré qu'ils aient survécu. Pendant le génocide, Dieu a abandonné des centaines de milliers d'innocents, mais j'espère qu'il a préservé celle dont la beauté m'a offert une nuit pleine d'étoiles dans ce ciel de Bicumbi alors que des innocents tombaient, victimes des coups de machettes d'assassins ivres de chanvre à fumer et de vin de bananes.

Partir pour l'église de la Sainte-Famille

Je suis resté deux semaines de plus au milieu des médicaments. Au début, leur odeur m'était insupportable, mais la peur et surtout la rage de vivre firent que je finis par ne plus rien sentir. Mon ami infirmier m'apportait de la nourriture dès qu'il était seul. Chaque soir, il rentrait dormir. Il craignait que des militaires décident de piller sa pharmacie, qu'ils me trouvent et me tuent.

Un jour, l'ancien bourgmestre de Bicumbi, un extrémiste hutu notoire – qui a été condamné pour génocide par le TPIR –, décida qu'on devait fouiller toutes les maisons, y compris le dispensaire. Le jeune bourgmestre, bien que ne jouissant pas d'une réputation d'extrémiste, ne fit rien pour empêcher les tueries des Tutsis dans sa commune. À la fin du génocide, j'appris que les Tutsis de Bicumbi avaient même été tués dans des mosquées, dans des églises, sur des lits d'hôpital comme partout à travers le pays[8].

Mon ami infirmier me prévint qu'un Interahamwe avait remarqué qu'il apportait de la nourriture dans la pharmacie alors que sa maison était en face. La nuit suivante, il me prépara des provisions et me conseilla d'essayer d'atteindre l'église de la Sainte-Famille. Il avait appris que des milliers de Tutsis y étaient réfugiés. Il y avait même des familles hutues fuyant les combats.

Par quel miracle allais-je atteindre cette église située dans la capitale? Les tueurs

8. Des milliers de Tutsis furent exterminés dans les secteurs de Mwulire, Mabare et Nawe de la commune de Bicumbi. Le bourgmestre de la commune, Juvénal Rugambarara, a plaidé coupable devant la Chambre de première instance du TPIR. Il a demandé aux familles des victimes de la commune de Bicumbi en particulier, et au peuple rwandais en général, de lui pardonner d'avoir omis de punir ses subordonnés. La Chambre de première instance l'a déclaré coupable d'extermination constitutive de crime contre l'humanité et l'a condamné à une peine de onze ans d'emprisonnement.

étaient partout, sur les collines et sur les routes. Si j'attendais la journée, la pharmacie allait être fouillée ; mon ami n'avait aucun autre endroit où me cacher. Il ne voulait pas assister à ma mort. Il me répéta qu'aller à l'église de Sainte-Famille relevait du suicide mais qu'il ne voyait pas d'autres solutions. Il m'embrassa longuement et me dit que si Dieu existait, nous nous retrouverions après la guerre et les massacres. Je ne croyais pas beaucoup en l'existence de Dieu. J'avais entendu, au cours d'une nuit, les Interahamwe chanter que Dieu avait abandonné les Tutsis. Le bon Dieu dont la sagesse rwandaise disait qu'il passait la journée ailleurs et rentrait dormir au Rwanda avait abandonné le pays. S'il existait, il n'aurait pas permis le massacre brutal des miens ; il n'aurait pas abandonné cette belle fille que des brutes de soldats avaient enlevée à sa famille.

Avec les provisions généreusement fournies par mon ami infirmier, je décidai de braver la nuit et de me battre pour survivre. Je le devais à ma famille et aux deux amis hutus qui m'avaient protégé au risque de leur vie. Je devais arriver à l'église Sainte-Famille. Ils avaient cru que je m'en sortirais, moi aussi, je devais y croire. Je venais de survivre pendant plus d'un mois, je devais continuer. Dans les moments de silence, j'entendais la voix de ma mère : « Va, mon fils, tu y arriveras. » Chaque fois que cette douce voix sortie de nulle part m'encourageait, comme si ma mère avait ressuscité, je regardais autour de moi. Elle m'aimait beaucoup ma chère mère qui, de là-haut, a toujours été ma gardienne. Son âme m'accompagnait.

Nos ancêtres, ces anges protecteurs

En évitant les routes et les sentiers très fréquentés, je me retrouvai sans le vouloir sur ma colline. Je ne savais pas quel esprit m'avait conduit là alors que ma famille avait été décimée. Je traversai la bananeraie de mes parents, espérant entrer chez moi. Puisqu'ils avaient été tués, personne ne reviendrait dans cette maison détruite. Je me réfugiai derrière un très grand avocatier que mes frères et sœurs adoraient. Ses avocats avaient un goût très particulier, proche du beurre. Il fallait grimper pour les faire tomber. Mes frères et sœurs me suppliaient toujours d'y aller, car le frère rebelle que j'étais avait quand même une qualité dont

ils avaient besoin : je grimpais aussi bien qu'un singe.
Derrière cet avocatier, j'inspectai les alentours de la maison paternelle. Les portes, les fenêtres et les tôles avaient été volées par les voisins hutus. Il était difficile de se cacher dans ces ruines. Je devais continuer mon chemin. De toute façon, ma destination était l'église Sainte-Famille. Je me demandais comment y arriver quand une scène attira soudain mon attention.
Les voisins directs de ma famille étaient une famille mixte, comme on disait avant le génocide. Le mari était hutu, la femme tutsie. Leurs six enfants avaient tous été mes compagnons de jeu. Josiane, la femme de ce voisin hutu, adorait les enfants. Elle faisait les beignets les plus succulents du village et elle en donnait à tous les jeunes. Josiane était très généreuse. Elle était la maman préférée de tous les gamins du village. Quand ma mère avait besoin de moi et ne me trouvait pas à la maison, le premier endroit où elle me cherchait, c'était chez Josiane. Si je n'étais pas là, elle savait qu'elle me trouverait

au terrain de football de l'école primaire. À présent, une foule d'hommes déchaînés entourait Josiane. Ils parlaient tous à la fois. Ils disaient à son mari qu'ils allaient la tuer. (J'appris après le génocide que, sur ma colline, les extrémistes hutus avaient décidé de tuer les femmes tutsies mariées aux Hutus, après avoir exterminé les familles tutsies.) J'entendis son mari dire à ce groupe de paysans hutus, dont la plupart étaient ses amis : « J'ai épousé Josiane à l'époque de la "paix et l'unité[9]" ; maintenant que les autorités ont décidé la mort des Tutsis, vous pouvez faire d'elle tout ce que vous voulez ! »
J'étais horrifié. Mon cœur battait si fort que j'étais sûr qu'ils pouvaient l'entendre. Si quelqu'un me surprenait dans ma cachette, qui me défendrait ? Le voisin de mes parents venait de livrer aux assassins, sous mes yeux, la mère de ses enfants. Notre pays était maudit. À la peur succéda la nausée. Je vomis longuement.

9. Lors de son coup d'État, le général-major Habyarimana a déclaré qu'il offrait au pays une période de paix et d'unité nationale. Ces mots sont devenus un slogan politique durant toute la période de sa présidence.

Parmi le groupe de paysans hutus qui entouraient Josiane se trouvait notre enseignant en première année d'école primaire. Il avait pris sa retraite depuis de longues années. Il dit au groupe qu'il avait connu l'époque de la révolution et de l'indépendance du Rwanda, qu'on ne tuait jamais les femmes et les enfants. Il demanda que l'on épargne la vie de Josiane puisque son mari était hutu. Je ne savais pas s'il disait la vérité, car j'avais lu que les Tutsis avaient été tués en 1959, 1960, 1963 et même en 1973 avant le coup d'État du général Habyarimana. Le groupe d'assassins continuait à crier et je vis le mari de Josiane se retirer. Le vieil enseignant s'adressa alors à Josiane : « Mon enfant, tu as épousé un chien ! » Je n'avais plus le courage de continuer à assister à cette horrible scène. Je me jurai de tuer le mari de Josiane si je survivais, mais je ne l'ai pas fait. Je ne pouvais pas devenir comme les assassins de ma famille et de Josiane. Le mari de Josiane fut jugé par les juridictions gacaca où ton voisin était ton procureur, ton avocat, ton témoin et ton juge. Il fut condamné à l'emprisonnement à vie. J'ai appris qu'il prêchait la réconciliation en prison.

L'usine de limonade

J'attendis la nuit pour continuer ma fuite, mais je ne savais toujours pas par où passer pour arriver à l'église Sainte-Famille. Après avoir mangé des papayes, je continuai à marcher dans l'obscurité en évitant la foule. À un certain moment, je fus obligé d'emprunter la route macadamisée qui conduisait à la capitale. En m'approchant, je remarquai un groupe de garçons de mon âge qui puisaient de l'eau dans une petite source. Quand ils me virent, ils me demandèrent de venir les aider à remplir leurs jerrycans. Ils étaient tellement sales qu'ils avaient l'air de vivre dans des terriers. Je ne m'étais pas regardé dans un miroir depuis plus d'un mois et je m'étais lavé pour la dernière fois le jour de l'assassinat de mes parents. Je devais être plus sale que ces bougres.

J'appris de ces garçons que Kigali manquait d'eau, qu'ils étaient venus en camionnette et qu'ils retournaient ensuite à la ville. Tout d'un coup, ma foi en Dieu revint : je venais de trouver le moyen d'arriver à l'église Sainte-Famille, passage obligé pour ma survie. Après avoir rempli la camionnette, nous y montâmes pour nous rendre à la capitale. Mais arrivés à un endroit appelé Ku Giporoso, dans le quartier de Remera, qui était connu pour son groupe interahamwe du nom d'Inyange, nous tombâmes sur un barrage de l'armée. Les militaires nous demandèrent des cartes d'identité. Nous étions tous en haillons. Un des militaires déclara que nous étions des Inkotanyi[10] infiltrés.

10. Les combattants du Front patriotique rwandais, mouvement rebelle en 1990, se sont donné le nom d'Inkotanyi, nom d'une ancienne milice royale à l'époque du roi conquérant Rwabugiri. Celui-ci régna sur le royaume du Rwanda de 1860 à 1894. Pendant la guerre civile 1990-1994 et le génocide commis contre les Tutsis en 1994, les extrémistes hutus donnèrent le nom d'Inkotanyi à tous ceux qu'ils qualifiaient de complices de l'ennemi et principalement les Tutsis. Aujourd'hui, le parti politique du président de la République du Rwanda s'appelle le FPR-Inkotanyi.

Le conducteur de la camionnette se mit à rire : les militaires n'avaient pas à s'en faire, ils allaient gagner la guerre si les Inkotanyi ressemblaient à ces voyous ! Les militaires étaient contrariés mais ils évitèrent de l'inquiéter. Il avait un fort accent du Nord et l'armée rwandaise était composée en majorité de soldats originaires de ces préfectures. Les militaires nous ordonnèrent de descendre de la camionnette qui poursuivit sa route vers Kigali. L'un d'eux nous demanda de courir vers l'usine Pepsi de Remera qui était de l'autre côté de la route. Je courus comme je le faisais au 100 mètres des championnats scolaires. Non seulement j'étais un bon footballeur, mais j'étais également un bon athlète.

Alors, le militaire tira sur nous comme s'il était sur un champ de tir. L'un de nous, le plus petit de notre groupe, qui était derrière moi, tomba, la tête fracassée par une balle de kalachnikov. Je courus comme un fou sans regarder derrière moi ; j'entendais le souffle de mes camarades qui me suivaient. Le militaire, content d'avoir atteint sa cible, cessa de tirer. Le reste de notre petit groupe put atteindre les bâtiments de l'usine de limonade. Les portes avaient été forcées et l'usine pillée. Nous marchâmes sur des bouteilles cassées.

Nous nous reposâmes dans un coin de cette usine abandonnée. Nos pieds étaient ensanglantés ; je ne repris pas la course. Une fois de plus, j'étais convaincu que le bon Dieu m'avait abandonné. La chanson des Interahamwe et des paysans de Bicumbi me revint en tête. Ils disaient que Dieu avait abandonné les Tutsis, qu'ils allaient être complètement exterminés. Je donnais raison à ces assassins. J'allais mourir puisqu'ils avaient déclaré qu'aucun Tutsi ne survivrait. Je ne savais pas si celui qui était mort était tutsi ou non. Le militaire avait décidé que, de toute façon, nous étions tous des rebuts. Nous avons pleuré la mort de notre compagnon. Personne ne connaissait son nom.

J'approchais tout doucement de l'église de Sainte-Famille. J'avais espéré y entrer avec ces compagnons de misère. Nous restâmes cachés pendant trois jours et trois nuits. La quatrième nuit, nous décidâmes de sortir de cette usine et d'inspecter les habitations qu'il y avait derrière. Nous avions très faim. Au début, la peur dominait la faim, mais nous étions de plus en plus faibles. En entrant dans l'usine, j'avais remarqué des papayers dans les jardins des maisons avoisinantes. Nous profitâmes de la nuit tombante pour nous introduire dans le jardin d'une belle villa. Nous comptions escalader le mur de la propriété, mais le portail avait été emporté. La maison appartenait à une famille tutsie. Après avoir mangé les papayes, nous remarquâmes que les fenêtres avaient été éventrées, les portes intérieures enlevées ; des vêtements d'enfants étaient éparpillés devant la maison. Elle avait été pillée de fond en comble.

Avec mes quatre amis d'infortune, nous décidâmes de nous y installer. Le sort des propriétaires était incertain. J'avais envie de prendre une douche mais il n'y avait pas d'eau. Parmi les habits à terre, je commençai à chercher de quoi remplacer mes haillons.

Ces vêtements étaient sales mais ils ne sentaient pas aussi mauvais que les miens. Personne ne venait nous ennuyer et nous faisions attention à ne pas faire beaucoup de bruit. Nous avions décidé de vivre uniquement de fruits, car il n'y avait rien d'autre à manger. Nous avions de la chance. Nous venions de trouver notre jardin d'Eden. Dans ce jardin, c'était moi le serpent – un serpent aux abois.

Marie-Rose

Je ne sais pas combien de jours nous sommes restés dans cette maison. Un beau matin, nous fûmes réveillés par une clameur qui venait d'une maison voisine. Un groupe d'Interahamwe, reconnaissable par leur uniforme aux couleurs du parti MRND, entourait une femme qu'ils menaçaient avec leurs fusils et leurs machettes. La femme, son mari et leurs enfants semblaient, avec d'autres civils, s'opposer à ces Interahamwe. En regardant attentivement, j'eus l'impression de reconnaître le couple. La femme était originaire de ma colline. Inconsciemment, je me retrouvai dans cette foule. Mes quatre amis me suivirent. Nous étions tellement

sales que nous ressemblions aux enfants des rues. Personne n'allait nous inquiéter.
Je reconnus Marie-Rose, mon enseignante de dernière année d'école primaire. Tout le monde connaissait Marie-Rose sur ma colline, son mariage était resté inoubliable. Elle avait épousé un ingénieur civil qui avait fait ses études en Allemagne. Il s'appelait Jean-Pierre. Quand ils étaient fiancés, il rendait visite à Marie-Rose dans sa Volkswagen blanche. Il disait aux gens de ma colline que sa voiture avait été fabriquée dans le pays où il avait fait ses études. Il apportait des biscuits que notre maîtresse nous distribuait.
Le jour où il vint demander sa main et offrir la dot à ses parents, il y eut une fête inoubliable. Jean-Pierre était accompagné de plusieurs de ses amis qui avaient étudié dans des universités européennes. Il conduisait ce jour-là une belle Mercedes noire, comme les voitures ministérielles. Je n'avais pas assisté à la cérémonie de remise de dot, car Marie-Rose m'avait demandé de garder la voiture de son fiancé. Il ne fallait pas que les enfants du village abîment les rétroviseurs de la

belle voiture en venant se regarder dedans. La plupart de ces gosses n'avaient jamais vu de miroir. Ça les amusait beaucoup, ils faisaient des grimaces, c'était un jeu, mais aucun enfant de ma colline n'osa s'approcher de la voiture de Jean-Pierre ce jour-là.
Je savais qu'à la fin de la fête, Marie-Rose me donnerait une récompense que je n'oublierais jamais. En effet, à la fin de la cérémonie, je reçus des bonbons, des oranges achetées dans un supermarché de la capitale ainsi qu'une boîte de biscuits dont je ne connaissais pas la marque. Marie-Rose m'avait aussi gardé deux bouteilles de Coca-Cola. Comble de la joie, elle m'avait demandé de garder les bouteilles vides pour les remplir de jus de banane que j'apportais à l'école primaire.
Mes camarades, qui avaient assisté à la cérémonie, me dirent que leurs parents avaient bu de la bière Primus. Celle-ci était fabriquée par une brasserie hollandaise et le seul endroit où l'on en trouvait était la buvette du village. Elle coûtait cher. Il n'y avait que les enseignants et les hommes d'affaires

qui pouvaient se permettre de l'acheter, le bas peuple se contentait du vin de banane! Ils avaient également mangé de la viande de vache, nourriture rare dans le milieu paysan. On mangeait de la viande seulement lors des fêtes de fin d'année, comme à Noël. Seuls les fonctionnaires d'État et les riches en consommaient régulièrement. Même aujourd'hui, la viande comme le pain ne sont pas à la portée de tout le monde. Lorsque j'étais à l'internat, les vacances de juillet nous semblaient interminables, car nous nous demandions quand nous allions pouvoir retourner manger du pain, de la viande et des frites.

Le grand frère de notre ingénieur civil travaillait à la présidence de la République. Lui aussi avait fait ses études dans une université européenne, certainement en Suisse. On disait sur notre colline que c'était lui qui conseillait le président Habyarimana en matière économique. Si le Rwanda se portait bien, c'était grâce au grand frère de l'ingénieur Jean-Pierre!

Certains enfants tutsis de notre colline avaient pu accéder à l'école secondaire grâce au mari de Marie-Rose. Lui et son grand frère avaient réussi à contourner la politique des quotas ethniques mise en place par le ministre de l'Éducation nationale, un colonel originaire de leur région natale, la préfecture de Gisenyi. La même préfecture que celle du président Habyarimana.

Je ne comprenais pas comment ces Interahamwe pouvaient oser menacer la vie de Marie-Rose alors que son mari hutu était haut fonctionnaire d'État au ministère des Travaux publics et que son beau-frère travaillait à la présidence de la République. Ordinairement, ces va-nu-pieds n'auraient pas osé mettre les pieds chez cette famille, mais Marie-Rose était généreuse et très humble. Leur maison était toujours ouverte à ceux qui se trouvaient dans le besoin.

Furieux, je voulais entrer dans la mêlée et frapper tous ces sauvages. J'étais hors de moi. J'avais l'impression que ces assassins haïssaient particulièrement les belles femmes. Moi qui avais fui en courant, pour une fois, j'avais envie de me battre. Je voulais me battre pour Marie-Rose.

Comme toutes les belles femmes rwandaises, Marie-Rose incarnait la grâce, la gentillesse, le charme et la coquetterie. Quand elle venait rendre visite à mes parents (nous étions voisins), ma sœur cadette aimait caresser son abondante chevelure bouclée qu'elle trouvait très douce. Nous, nous étions trop grands pour oser l'imiter. Jeunes adolescents, après avoir quitté la classe de Marie-Rose, nous aimions admirer les belles vergetures blanches striant ses fins mollets et le haut de ses seins fermes qui semblaient narguer le monde entier. Un jour, en cours d'histoire, le professeur nous avait parlé de la crise de Cuba qui avait opposé l'URSS de Khrouchtchev aux États-Unis de Kennedy. Il nous avait montré les photos de missiles soviétiques et, tout bêtement, j'avais dit à haute voix qu'ils étaient comme les seins de Marie-Rose, ce qui m'avait valu une bonne gifle de la part du professeur. Je n'oublierai jamais ce moment. J'avais encaissé la gifle sans broncher. Personne n'allait tuer Marie-Rose. J'étais prêt à prendre la machette du premier tueur.

Quand Marie-Rose nous surprenait en train de la lorgner, elle éclatait de rire. Pourquoi se fâcher ? Nous étions trop jeunes, trop innocents pour avoir des pensées libidineuses d'adultes. Son sourire laissait voir ses belles dents blanches et des gencives noires, presque bleues, dont la symétrie était soulignée par l'espace régulier laissé par ses dents du bonheur. Pour ceux qui ne le savent pas, le diastème et les vergetures sont des signes de beauté chez la Rwandaise. Sur notre colline, nos aînés racontaient que toutes les filles étaient jalouses de Marie-Rose. Toutes voulaient lui ressembler. Mon grand frère, qui, lui aussi, était beau, aimait dire que les belles fesses arrondies et fermes de Marie-Rose agaçaient les autres filles alors que les garçons de son âge restaient sans voix quand elle passait devant le bistrot de notre colline. Les week-ends, les hommes se réunissaient devant ce bistrot pour boire le vin de banane et jouer à l'igisoro[11]. Mon grand frère me rapporta qu'un jour, le barman avait accidentellement renversé toute une bouteille de vin

11. Jeu populaire au Rwanda.

sur la tête de notre conseiller de secteur, un grand dignitaire de l'administration locale, en regardant Marie-Rose marcher comme une reine. Ce geste lui avait valu deux jours de détention dans un cachot communal. Malgré cette détention injuste, le barman du bistrot resta le plus grand admirateur de Marie-Rose. Il aimait raconter que, durant les deux nuits passées au cachot communal, il avait reçu en rêve la visite de Marie-Rose. Et quand ce barman était ivre, il disait que les anges avaient le corps de Marie-Rose.

*

Marie-Rose était devant moi, entourée par une bande d'assassins qui voulaient sa tête. Elle avait vieilli. Elle était mère de quatre enfants. Ses seins n'étaient plus fermes ; elle avait pris du poids mais sa beauté n'avait pas disparu, ses dents étaient toujours blanches. Sa longue chevelure était toujours là avec quelques cheveux blancs. Moi aussi, à 17 ans, j'étais devenu un grand adolescent, je n'étais plus le petit garçon qui lorgnait ses seins. J'avais de la rage. Je me demandais quand ces brutes allaient cesser de tuer des innocents et de belles personnes comme ma maîtresse d'école. Je les haïssais et les maudissais.

Je vis le mari de Marie-Rose brandir une carte d'identité et dire aux Interahamwe que sa femme était hutue, qu'ils n'avaient qu'à vérifier. Celui qui semblait être le chef prit la carte, la regarda brièvement et la jeta par terre. Cette carte, déclara-t-il, n'avait aucune valeur, sa fonction lui permettait d'avoir une carte d'identité avec mention hutue pour sa femme tutsie. En fixant brutalement Marie-Rose, le chef interahamwe s'adressa à ses troupes en ces mots : « Regardez bien son petit nez, regardez ses belles dents blanches, regardez ses belles jambes, regardez ces mains si fines qui n'ont jamais travaillé. Avez-vous vu une femme hutue aussi belle ? »

Je n'en croyais pas mes oreilles. Toutes les filles hutues de ma colline étaient belles et avaient épousé de beaux garçons. Rosine, la sœur de l'ami hutu qui m'avait caché, était très belle. Quand elle nous parlait, elle souriait tout le temps et nous demandait chaque fois si nous étions d'accord, comme si elle ne voulait pas nous contrarier. Elle évitait toujours de blesser les autres par ses paroles. Je lui avais dit qu'elle serait ma femme quand nous serions grands. Nous avions 13 ans. Elle avait beaucoup ri. Bien que nous eussions le même âge, elle était plus mûre que moi. Elle m'avait serré dans ses bras et m'avait demandé de jurer que j'allais l'épouser. Bien sûr, j'avais juré. Je ne sais pas ce qu'elle est devenue.

Dans ma colère, j'avais envie de défier cette brute de chef milicien et de lui dire qu'effectivement, aucune femme ne pouvait rivaliser de beauté avec Marie-Rose. Je sentis un de mes nouveaux amis d'infortune me tirer par le bras, car, inconsciemment, je m'étais avancé pour braver ce milicien. Le sort de Marie-Rose était scellé mais, dans la vie, il y a toujours des miracles.

Jean-Pierre ne se laissa pas intimider par le chef des Interahamwe. Quand bien même sa femme serait tutsie, ils n'allaient pas la tuer, car ils n'étaient pas plus hutus que lui ; qu'en plus, lui-même était originaire de la préfecture d'origine du président Habyarimana. Le chef des Interahamwe répliqua que les Hutus qui avaient épousé des femmes tutsies étaient des traîtres à leur ethnie. Ce n'était pas la première fois que j'entendais ce discours stupide et raciste. J'avais lu cela dans l'immonde journal *Kangura*, avec ses dix commandements des Hutus.

Je m'étais avancé près de Jean-Pierre. Je voulais me battre à ses côtés pour défendre Marie-Rose. J'avais complètement oublié que j'étais un fugitif, qu'il suffisait d'un moment d'inattention pour qu'un Interahamwe me remarque. Dans cette maison abandonnée, j'avais quand même ramassé un pagne sale dont je m'enveloppais pour cacher une partie de mon visage. Mais avec ma sale tête pleine de poux, qui m'aurait donné une ethnie ? Même Marie-Rose ne m'avait pas remarqué.

Dans le groupe des Interahamwe, il y avait un homme d'une quarantaine d'années. Comment un homme de son âge, aussi bien habillé, pouvait-il être l'un des leurs ? Contrairement aux autres, il ne portait pas l'uniforme multicolore, seulement leur casquette, qui ne lui allait pas du tout. Il la gardait entre ses mains, comme s'il était gêné de la porter.

Cet homme prit la parole et tout le groupe l'écouta attentivement. Je voyais bien que les autres Interahamwe le respectaient. Il déclara qu'il connaissait bien les parents de Marie-Rose, qu'ils étaient hutus, quand bien même elle ressemblait physiquement aux Tutsis. Il demanda aux Interahamwe de bien regarder les pieds de Marie-Rose. L'un d'entre eux demanda sèchement en quoi ses pieds étaient importants pour bien connaître sa véritable ethnie. L'autre répondit que Marie-Rose avait des pieds plats, comme ceux des femmes hutues qui ont travaillé dans les champs. Tous les yeux des Interahamwe se fixèrent sur les pieds de Marie-Rose. Ils avaient gonflé. Cela faisait plusieurs semaines que son mari la cachait, elle ne sortait jamais, jusqu'à ce que le conseiller communal ordonne une perquisition systématique des maisons. Le chef des Interahamwe, fou furieux, demanda aux miliciens de le suivre. Il y avait assez de Tutsis à tuer, leur dit-il. L'homme qui avait sauvé Marie-Rose lui adressa un sourire furtif et suivit le groupe.

En le regardant marcher, je me souvins de lui. Il était juge au tribunal de canton de notre commune. Lors des fiançailles officielles de Marie-Rose, il était maître de cérémonie. Il était très respecté dans notre commune. J'appris à la fin de la guerre que ce juge du nom de Hatangimana (« c'est Dieu qui donne ») avait été nommé responsable de la défense civile dans notre commune. Au mois de mai 1994, en plein génocide, le gouvernement intérimaire avait décidé d'impliquer tous les intellectuels hutus. Face à l'ampleur du génocide des Tutsis, les ministres MRND avaient convaincu leurs collègues d'autres partis d'endosser la responsabilité pour les crimes commis par les Interahamwe, l'armée, la gendarmerie et les paysans hutus. Ce gouvernement génocidaire espérait l'impunité en impliquant tout le monde dans le massacre. À chacune des vagues de violence, dans les années 1950, 1960, 1970, les auteurs de ces tueries échappaient à la justice. Ce gouvernement dirigé par l'économiste Jean Kambanda s'inscrivait dans cette logique criminelle. Cependant, il y eut des hommes et des femmes comme le juge Hatangimana qui sauvèrent des Tutsis menacés chaque fois qu'ils en eurent l'occasion. Il y avait toujours un choix à faire.

Mémorial du génocide de Ndera

*

Marie-Rose a survécu au génocide. Je l'ai revue plus tard. Avant que la capitale rwandaise ne tombe entre les mains des combattants du FPR, son mari l'a déposée à l'église Sainte-Famille. Il a eu peur de l'amener avec lui dans sa fuite vers le Zaïre de Mobutu. Il avait appris que des femmes tutsies mariées à des Hutus avaient été tuées en présence de leurs maris. Cela avait été le cas pour un ancien directeur de l'immigration dont la femme avait été tuée par ses frères. Lui-même avait été assassiné.

Lors de nos retrouvailles, Marie-Rose m'a raconté que sa vie de rescapée n'avait pas été facile. Les survivants de ma colline avaient créé une association d'entraide. Ils avaient refusé que Marie-Rose y adhère. Certains lui reprochaient d'avoir changé son ethnie. Bien avant le déclenchement du génocide, son mari lui avait procuré une carte d'identité avec la mention hutue, pour que les Interahamwe ne l'importunent pas aux barrières dressées dans certains quartiers périphériques de Kigali. D'autres rescapés allaient plus loin et disaient même qu'ils avaient des doutes sur sa véritable ethnie. De quel droit pouvaient-ils lui enlever sa qualité de survivante ?

Marie-Rose m'a confié tout cela en pleurant. Ses parents, ses frères et sœurs avaient été massacrés par les Interahamwe. Ses petites sœurs avaient été violées avant d'être sauvagement tuées. Son mari avait été tué par des extrémistes hutus dans les camps de réfugiés au Zaïre. Bien que Jean-Pierre Nkunzurwanda fût hutu, les extrémistes l'avaient considéré comme « un traître à la cause hutue » ! Quand les Interahamwe tuaient les civils tutsis, ils vérifiaient leurs cartes d'identité. Mais en plein génocide, ils décidèrent de tuer leurs victimes sans consulter leurs cartes. Ils choisissaient de laisser vivre ou d'assassiner quelqu'un d'après sa physionomie. Les manuels scolaires d'histoire et de géographie disaient que les Tutsis étaient très grands, fins et de peau claire[12]. Au mois de mai et de juin 1994, cela suffisait pour être tué. Avant que nous nous séparions, Marie-Rose m'a dit : « Ils peuvent me confisquer ma qualité de survivante mais ils ne me confisqueront jamais ma souffrance. » Je pense souvent à ces mots, car c'est cette souffrance qui nous permet à nous, les rescapés, d'avancer. J'ai entendu, à

12. En 1922, le père Eugène Hurel avait écrit un livre, *La poésie chez les primitifs ou Contes, fables, récits et proverbes du Rwanda,* dans lequel il racontait que les Tutsis avaient le teint clair, le profil distingué, une taille au-dessus de la moyenne ; qu'ils étaient intelligents, diplomates, ambitieux et fiers, conquérants et dominateurs. Quant aux Hutus, le père Hurel les décrivait comme des paysans, leur teint était foncé et leur taille ne dépassait pas la moyenne. Pour le père Hurel, les Hutus n'étaient pas aptes à commander, car irascibles et emportés ! En 1933, le père Pagès, considéré comme un érudit, reprendra les mêmes théories racistes au moment où l'administration coloniale belge instituait la carte d'identité pour tous les Rwandais majeurs. Le père Pagès écrira que l'on pense que les Tutsis sont originaires d'Égypte ou d'Abyssinie, qu'ils ont les membres bien proportionnés, les traits réguliers, le nez droit, les lèvres fines, un teint brun avec un reflet rougeâtre. Quant aux Hutus, le père Pagès a écrit qu'ils étaient trapus, plus courts avec des traits moins réguliers, moins séduisants, moins polis et plus timides que les Batutsi. Pendant le génocide, certains intellectuels hutus éprouvaient ce complexe d'infériorité vis-à-vis des Tutsis et la plupart des femmes hutues qui se sont distinguées par leur cruauté pendant le génocide se sentaient moins belles que les femmes tutsies.

la fin du génocide, d'autres histoires comme celles de Marie-Rose. Une fois, deux survivantes m'ont parlé d'une famille exterminée par les Interahamwe. L'une de ces femmes disait que les Interahamwe s'étaient trompés sur l'ethnie des membres de cette famille. Son amie lui avait répondu : « Ils ont tué des gens de leur communauté sans le savoir. » Quelle horreur ! Quel cynisme de dire que les assassins se sont trompés de victimes ! Les traumatismes du génocide sont multiples et leur guérison prendra du temps !
Je me suis toujours dit que je devrais allumer un cierge pour remercier Dieu d'avoir protégé Marie-Rose, mais je ne l'ai pas encore fait. Je suis toujours en colère contre l'Être suprême qui a laissé mourir des innocents. Toutes ces personnes qui ont été tuées l'ont été parce qu'elles étaient tutsies ; elles n'avaient commis aucun crime.

Quand les Interahamwe sont partis, je les ai suivis à distance. Le Dieu qui venait de sauver Marie-Rose n'allait pas m'abandonner. On entendait partout des coups de mortiers dans les environs de la capitale rwandaise. On disait que les combattants du Front patriotique rwandais avaient pris le mont Rebero qui domine la ville. Le gouvernement intérimaire, un gouvernement rempli d'assassins et de lâches, avait quitté la capitale pour se replier à l'intérieur du pays. J'avais entendu dire qu'ils avaient déménagé trois fois, entraînant dans leur sillage la mort de centaines de milliers de civils. Dans les rues de Kigali et ses environs, il ne restait que des bandes d'assassins et des militaires de l'armée rwandaise, ainsi que des chiens errants se nourrissant des cadavres qui gisaient dans tous les coins.

Au milieu du mois de mai, j'arrivai à l'église Sainte-Famille. C'est ce qu'il me semble en tout cas, car j'avais arrêté de compter les jours. Cependant, mon calvaire n'était pas fini.

L'église Sainte-Famille

Médard Twahirwa, tué le 12 avril 1994, à Rugenge, non loin de l'église Sainte-Famille. Son frère, Pierre-Célestin Muhirwa, survécut à l'église Sainte-Famille.

La vie à l'église Sainte-Famille

Lorsque l'on sait que l'on va mourir, on prend conscience de la valeur du temps qui nous est offert. On en profite davantage. C'est l'inconscient de la mort qui nous fait perdre du temps.
Maud Ankaoua, *Respire !*

Je ne sais pas comment, de Remera, je suis arrivé à l'église Sainte-Famille. Ce dont je me souviens, c'est que les routes étaient désertes. On n'entendait que des coups de mortiers et d'armes légères. Dans mes haillons, je débarquai dans cette église, l'une des plus anciennes du pays.

Ma mère me disait qu'elle y avait été baptisée. C'était un sujet de fierté pour elle. Nous avions des tantes maternelles qui habitaient un peu plus bas, dans le quartier appelé le Kiyovu des pauvres, par opposition au Kiyovu des riches, habité par de hauts fonctionnaires d'État, des officiers supérieurs de l'armée et certains diplomates. Quand nous allions rendre visite à nos cousins du Kiyovu des pauvres, nous ne manquions pas de jeter un coup d'œil à « l'église de notre maman », telle que nous l'avions surnommée. Voilà que je gagnais enfin cette église où j'espérais survivre.

Quand j'étais entré, la scène en face de moi était saisissante. Une foule immense d'hommes, de femmes, de vieillards et d'enfants remplissait cette église. Je ne pouvais pas voir les bancs où les chrétiens s'asseyaient pour suivre les messes dominicales. C'était difficile de trouver un endroit où rester, même debout. J'essayai de trouver une figure connue dans cette masse humaine. Mais qui m'aurait reconnu dans mes haillons ? Épuisé, je m'endormis dans un petit coin près de la porte d'entrée.

Le matin, je fus réveillé par la clameur de cette foule. Je tremblai de tout mon corps.

Pendant un moment, je crus être au milieu des Interahamwe. Il me fallut du temps pour me rappeler que je me trouvais à l'endroit où ma pauvre vie allait être sauvée. Parcourant des yeux cette masse de réfugiés, je reconnus un voisin d'une de mes tantes maternelles. Il avait mon âge. En me faufilant comme je pus, je réussis à l'atteindre. Il eut du mal à me reconnaître. Je n'étais plus le beau garçon avec lequel il jouait au basket et qui l'accompagnait draguer les filles dans son quartier. Quand il me reconnut, il m'étreignit très fort. Il était très heureux de me revoir. Il était rare de retrouver des gens que l'on connaissait dans ces jours où les maris avaient tué leurs femmes et les oncles, leurs neveux.

Mon ami me raconta que plusieurs prêtres s'occupaient des réfugiés : certains étaient gentils mais on racontait que l'un d'eux était proche des Interahamwe, qu'il fallait se méfier de lui. Ils recevaient chaque matin de la bouillie, des haricots et de la pâte de maïs le midi et le soir. Je n'en revenais pas. Pour une fois, j'allais manger.

Je suis resté là quelques semaines. Je mangeais à ma faim. J'avais oublié ma peur malgré les coups de mortiers que l'on entendait chaque soir. La nuit, je dormais, j'avais oublié que j'étais un fugitif. Cette masse de réfugiés me procurait une sensation de protection, donc de sécurité. Cette sécurité était cependant une illusion. Une vieille maman qui partageait notre coin dans l'église m'avait regardé, un après-midi, avec beaucoup de tristesse. Elle avait suivi mon récit quand j'avais raconté à mon ami comment ma famille avait été exterminée. Elle me dit que ma famille ne s'éteindrait pas comme certaines déjà complètement exterminées au mois d'avril. Elle affirma avec beaucoup de tendresse : « Tu survivras mon fils. Tu fonderas une famille et tu auras de beaux enfants mais évite de te faire remarquer, tu as un nez très tutsi ! » Malgré moi, j'avais souri. Je me souvins de la voix du journaliste Kantano Habimana de la RTLM, que j'entendais quand j'étais caché à la pharmacie de Bicumbi. Il disait aux Interahamwe de ne pas perdre leur temps en regardant les cartes d'identité des Tutsis, qu'il fallait regarder leurs petits nez et les casser. Il fallait que je cache le mien aux Interahamwe. Ma survie dépendait de ce nez! Elle me donna un vieux pagne, si usé que ses couleurs étaient indiscernables. Elle me conseilla de cacher une partie de mon visage et de dire que j'avais mal aux dents. Elle ajouta qu'avec mes cheveux hirsutes, les Interahamwe ne sauraient pas que j'étais tutsi.

À côté de l'église Sainte-Famille se trouvait le centre pastoral Saint-Paul où il y avait au moins 1 500 réfugiés. Ils avaient été accueillis au fur et à mesure qu'ils arrivaient grâce à un prêtre hutu, l'abbé Célestin Hakizimana, un prêtre courageux et généreux, un homme de Dieu. Je pensais que ce grand nombre de réfugiés dissuaderait les Interahamwe de nous attaquer. Pourtant, la journée, ils passaient devant l'église. Ils étaient commandés par deux femmes cruelles: la conseillère du secteur de Rugenge, Odette Nyirabagenzi, et l'inspectrice scolaire Angéline Mukandutiye. J'ai appris après le génocide que le domicile d'Angéline Mukandutiye était appelé « état-major »: les Interahamwe y prenaient leurs repas, les armes y étaient distribuées aux assassins et on y établissait les listes des Tutsis à pourchasser. On raconte également que des officiers des FAR[13] comme le colonel Tharcisse Renzaho, le colonel Setako, le major Munyakazi, les capitaines Pascal Simbikangwa et Sagahutu y tenaient des réunions. Tous ces officiers ont été condamnés pour génocide. Qu'ils aient tenu des réunions ou non chez cette diablesse ne change rien. Ils sont tous des génocidaires.

Des gendarmes étaient chargés de notre sécurité, mais, toute la journée, ils bavardaient avec les Interahamwe. Alors que ces gendarmes étaient censés les dissuader d'attaquer les réfugiés tutsis à l'église Sainte-Famille et au centre pastoral Saint-Paul, on

13. Les FAR étaient les Forces armées rwandaises, composées de l'armée et de la gendarmerie, avant le génocide des Tutsis. Elles furent impliquées dans le génocide des Tutsis et le massacre des Hutus opposés au génocide. Défaites par les combattants du Front patriotique rwandais, la majorité d'entre elles se sont réfugiées dans l'ex-Zaïre.

voyait plutôt qu'ils sympathisaient. Mon appréhension se confirma et cette relative tranquillité s'évanouit.

Dans la nuit du 16 au 17 juin 1994, un commando des combattants du Front patriotique rwandais s'infiltra au centre pastoral Saint-Paul et put récupérer beaucoup de réfugiés. Quelques jours plus tôt, le 14 juin 1994, des Interahamwe, sous la conduite d'Angéline Mukandutiye, avaient attaqué les réfugiés tutsis du centre[14]. Une quarantaine de Tutsis avaient été enlevés, massacrés et jetés dans une fosse commune située dans le secteur de Rugenge que les Interahamwe

14. Il y avait 2 000 réfugiés tutsis dans les bâtiments de Saint-Paul. L'abbé Hakizimana, aujourd'hui évêque, s'est occupé comme il a pu de ces réfugiés, leur procurant de la nourriture et des soins de santé. Lors de chaque attaque des Interahamwe, ce prêtre courageux intervenait pour les supplier d'épargner les réfugiés. « Dans le climat intense de haine, de peur et de suspicion instauré après la mort du président Habyarimana le 6 avril 1994, toutes les normes étaient renversées. Il n'était plus possible d'identifier amis ou ennemis sur la base de l'expérience passée et personne ne savait à qui faire confiance », écrit African Rights. L'abbé Hakizimana fut un de ces rares Rwandais qui tinrent tête aux assassins pour protéger les Tutsis qui s'étaient réfugiés auprès d'eux. Que son courage soit un exemple d'humanité pour les nouvelles générations.

appelaient le CND[15]. Malheureusement, la nuit de l'opération de sauvetage par les combattants du FPR, certains réfugiés tutsis ne suivirent pas leurs libérateurs, car ils ne comprirent pas ce qui se passait. Cette opération de sauvetage fut suivie le lendemain d'un raid punitif des Interahamwe. Le 17 juin, un groupe de miliciens attaqua l'église Sainte-Famille et le centre pastoral Saint-Paul. Des réfugiés tutsis furent massacrés sur place, d'autres furent enlevés et tués au CND.

Je n'aime pas raconter cette terrible journée. Y penser me replonge dans ce cauchemar. Le matin du 17 juin 1994, les Interahamwe nous firent sortir de l'église et asseoir dans une cour en face des logements des prêtres. Ils demandèrent aux Hutus de quitter le groupe. Certains se levèrent, d'autres restèrent avec nous. Les Interahamwe commencèrent à tirer dans la foule. Des centaines de

15. Au moment du génocide des Tutsis, 600 combattants du FPR étaient logés au CND, le parlement rwandais. Quand les Interahamwe tuaient les Tutsis et les mettaient dans une fosse commune, ils appelaient cette fosse « CND » pour dire cyniquement que les victimes rejoignaient ainsi leurs « frères » tutsis au CND.

réfugiés furent tués. Les miliciens pillèrent également les calices de l'église. Ils étaient dirigés une fois de plus par l'inspectrice scolaire Angéline Mukandutiye. Dans sa folie meurtrière, l'un d'eux tira sur la statue de la Sainte Vierge, qualifiée de tutsie. Depuis le mois d'avril, ces Interahamwe passaient la journée et la nuit à tuer et à violer des Tutsis. Ils étaient devenus des bêtes sauvages.

Je ne sais toujours pas comment j'ai survécu à cette attaque meurtrière. Mais je me souviens que, ce soir-là, j'ai tremblé de tout mon corps, me demandant si mon destin était de mourir dans cette église, après tout le chemin que j'avais parcouru. En réalité, l'église faisait l'objet d'attaques et d'enlèvements depuis le mois d'avril, mais les réfugiés avaient eu l'illusion qu'ils avaient cessé. Au centre pastoral Saint-Paul, une cinquantaine de réfugiés tutsis qui n'avaient pas pu suivre le commando du FPR furent tués sur place par des Interahamwe.

Il fallait que je quitte cette église. Ce n'était pas là que je pourrai survivre. Mais ce bref séjour m'avait redonné l'espoir de m'en sortir. Après ce massacre, les évacuations de réfugiés vers la zone contrôlée par le FPR continuèrent. J'eus la chance d'être évacué par la MINUAR[16] dans la zone contrôlée par les combattants du FPR. Là, nous avons pu mener une vie normale, nous étions loin des assassins. Sur les antennes de RTLM, les journalistes Kantano Habimana, Noël Hitimana et Valérie Bemeriki continuaient de diaboliser et déshumaniser les Tutsis.

Au camp de réfugiés de Kabuga, je retrouvai des survivants de ma région. De jeunes combattants du FPR, quelques-uns de nos aînés à l'école primaire ou à l'école secondaire, nous parlèrent des combats qui les opposaient à cette armée génocidaire. Nous étions contents de les revoir. Cette fois-ci, j'étais sûr que je survivrai au génocide.

16. Mission des Nations unies pour l'assistance au Rwanda. Cette mission a été établie par le Conseil de sécurité des Nations unies le 5 octobre 1993 par la résolution 872(1993). La MINUAR comptait 2 539 Casques bleus commandés par le général canadien Roméo Dallaire. Elle comptait également un personnel civil. Cette force de maintien de la paix devait accompagner la mise en place des Accords de paix d'Arusha entre le gouvernement rwandais et le Front patriotique rwandais. La MINUAR quitta le Rwanda en plein génocide, abandonnant les victimes à leurs bourreaux.

Je n'allais pas être tué à la machette, comme les membres de ma famille.

Dans la nuit du 4 au 5 juillet, les troupes du FPR prirent la capitale rwandaise. Quand nous avons appris cette nouvelle, nous avons dansé de joie. L'espoir revenait, je savais que j'allais recommencer une nouvelle vie, mais quelle vie? Rien n'allait plus être comme avant. En trois mois de fuite, j'avais perdu mon adolescence. Mon cœur s'était endurci. Je ne savais pas si j'allais encore sourire et rire.

Avant la fin du mois de juillet 1994, les combattants du FPR avaient chassé les FAR de tout le pays. J'avais survécu au génocide des Tutsis. Le destin avait donné raison à mon ami hutu.

Voyage au pays natal

Désormais, vous connaissez mon histoire, retournons dans ma commune du Hainaut et à l'accueil des réfugiés syriens.
Les citoyens de ma commune n'ont pas été difficiles à convaincre. Ils étaient prêts à accueillir des familles syriennes. Certains avaient des grands-parents résistants. Des copains du bar de mon village m'avaient raconté leur histoire : la faim, le froid pendant la Première et la Seconde Guerre mondiale. Pour d'autres, des membres de leur famille avaient travaillé dans les mines. Ils savaient ce qu'étaient la faim, la souffrance, les privations.
Les plus difficiles à convaincre furent ceux qui avaient eu la chance de voyager à l'étran-

ger, particulièrement en Afrique et en Asie. Certains avaient même travaillé à l'étranger, y avaient fait carrière mais ne voulaient pas de ces étrangers. C'était paradoxal. Je m'attendais à ce qu'ils soient les premiers à accepter de les accueillir puisqu'ils avaient eu la chance de parcourir le monde. Loin de là! Je n'ai pas encore trouvé d'explication à cette attitude. Mais si je vous raconte mes voyages au Rwanda avec mes amis, peut-être comprendrez-vous d'où vient, de la part de nos concitoyens qui ont voyagé, cette résistance à accueillir l'autre.

J'appartiens à un groupe d'amis qui aiment voyager. Nous nous appelons « Les amis des tropiques ». Chaque année, nous organisons un voyage en Afrique ou en Asie. Les pays en voie de développement nous intéressent beaucoup. Nous avons été impressionnés lors de notre voyage en Malaisie par le miracle économique de cette ancienne colonie britannique. Devenu indépendant en 1957, en deux décennies, c'est maintenant un pays développé qui n'a rien à envier aux pays occidentaux.

En 2021, nous sommes allés dans mon Rwanda natal. Nous avons visité le parc national de l'Akagera. Nous avons dormi dans un luxueux hôtel au milieu de cette réserve naturelle. Personne ne pensait que ce petit pays au cœur de l'Afrique, sans ressources naturelles, allait se relever du génocide des Tutsis. Les puissances occidentales qui avaient assisté aux massacres sans intervenir avaient également parié sur l'échec du nouveau gouvernement ! Mais ce pays s'est reconstruit économiquement, socialement et culturellement. Des cendres est née la promesse d'un pays prospère. Kigali se veut le Singapour de l'Afrique.

Mes amis étaient très heureux de ce voyage au parc de l'Akagera, sur les rives de cette rivière qui se jette dans le Nil. Avant notre retour en Belgique, nous avons passé deux nuits à Kigali. C'était l'occasion d'acheter des souvenirs, car, lors de nos voyages, nous évitons généralement les grandes villes.

Mes amis furent impressionnés par la propreté de la ville et l'absence d'enfants des rues, ce que l'on voit beaucoup dans les grandes villes africaines et asiatiques. La connexion internet était très rapide, nous étions chaque soir en contact avec nos familles restées en Belgique. Même les feux rouges ont impressionné mes amis de voyage. On se serait cru dans une ville nord-américaine.

Cependant, la veille de notre départ, la réaction d'un de mes amis a douché mon enthousiasme. Il ne comprenait pas comment ce petit pays était si bien organisé. Il trouvait Kigali plus propre et plus sûr que Bruxelles. Il avait même pu aller dans les quartiers populaires de Nyamirambo, de Gikondo et de Remera sans être inquiété. Il n'avait pas été victime de racisme anti-blanc alors que, à cause du génocide, il croyait que les quartiers populaires, où il n'y a pas d'expatriés, les *muzungu* comme on dit là-bas, seraient dangereux pour lui. En effet, pendant le génocide, les puissances occidentales ont abandonné le Rwanda. Les Casques bleus des Nations Unies, majoritairement belges, n'ont pas pu protéger la

Première ministre, Agathe Uwiringiyimana, le président de la Cour constitutionnelle, Joseph Kavaruganda, et d'autres dignitaires hutus qui auraient pu empêcher le génocide de leurs compatriotes tutsis.

Le 11 avril 1994, les casques belges ont abandonné plus de 2000 réfugiés à l'École technique officielle de Kicukiro (ETO). La majorité de ces réfugiés ont été massacrés par les miliciens interahamwe et des militaires de l'armée rwandaise, particulièrement les éléments de la garde présidentielle.

Les Rwandais devraient avoir autant de raisons de haïr l'Occident, mais ils ne le haïssent pas. Ce sont des Rwandais qui ont mis fin au génocide. Ce sont des Rwandais qui ont sauvé leurs compatriotes. Certains l'ont fait au risque de leur vie. Pourquoi haïraient-ils les Occidentaux ? La seule chose qu'ils ne supportent pas est que l'on se permette de leur donner des leçons sur la démocratie et les droits de l'Homme. Un proverbe rwandais dit qu'avant de balayer la case du voisin, il faut balayer devant sa propre case.

Je ne sais pas pourquoi, mais je me suis fâché. Pourquoi le Rwanda serait-il un « foutoir » ? L'Afrique était-elle seulement intéressante quand elle ne sortait pas de la misère ?
J'ai conduit mon ami Hubert là où j'ai grandi. Je ne voulais pas qu'il ait l'impression que je lui avais caché quelque chose de mon pays d'origine. J'ai reconstruit la maison familiale détruite. Il y a l'eau courante et l'électricité. Même les papayers de mon enfance sont toujours là ! Pas loin de l'école primaire où j'ai appris à lire et écrire, il y a une zone industrielle. On y fabrique des tuiles, des tôles, des matelas, des produits cosmétiques, des jus et des confitures.
Hubert n'avait pas l'air satisfait. Il ne m'a rien dit, mais je le lisais dans ses yeux. Je savais ce qui lui manquait. Je suis né à la campagne, mais pas loin de la ville. Ce n'était pas la campagne « sauvage ».
Au cours de ce voyage, nous avions vécu comme des princes. Quand nous avons visité la réserve naturelle de l'Akagera, nous avons passé la nuit dans un hôtel de luxe. Tout le monde a adoré : un service

impeccable, du bon vin importé d'Afrique du Sud et d'Europe. Hubert avait été satisfait de retrouver son vin préféré, le Saint-Émilion Château l'Apolline 2016. Il était très content : avant d'aller dans nos chambres, il nous avait acheté une bonne bouteille de champagne Moët & Chandon Impérial. Au milieu des girafes, des lions et des gazelles, on pouvait savourer du bon vin et du champagne français !

À notre retour dans la capitale, un ami de feu mon père m'avait invité à diner avec sa famille. Je m'y suis rendu avec Hubert. Au pays de mes ancêtres, les amis de mes amis sont mes amis. Il était le bienvenu dans cette famille rwandaise. On nous avait préparé des brochettes de chèvre et des bananes vertes grillées. C'est un repas typiquement rwandais. Mais les amis de mon père nous avaient offert une bouteille de Saint-Émilion Montroc 2008. Hubert fut impressionné par la bouteille. Avant de rentrer à l'hôtel, ils tinrent à clôturer la soirée avec un bon cognac. Nous avons passé une de ces très belles soirées rwandaises. Quand un ami t'accueille, il met les petits plats dans les grands.

Mes amis ont même tenu à nous déposer à notre hôtel. C'est là que Hubert a gâché toute la soirée. Il m'a demandé pourquoi mes amis avaient une si grande maison. Pourquoi l'avaient-ils si bien accueilli alors qu'ils ne le connaissaient pas? Pourtant, c'était lui qui avait le plus abusé du cognac. À plusieurs reprises, il avait dit à notre hôte qu'il avait bon goût. J'étais convaincu que Hubert avait passé, comme moi, une très belle soirée. Je fus triste que mon ami n'apprécie pas le geste de cette famille qui n'avait pas eu l'intention d'impressionner ses invités mais plutôt de bien les accueillir, comme on sait le faire dans ma patrie d'origine.

Toute la nuit, je réfléchis à ce qui avait manqué à mon ami Hubert et, le matin, je compris ce que c'était. Je l'avais senti à notre retour du parc national mais je n'en étais pas sûr. Maintenant, j'en avais la certitude: mon ami belge voulait voir un Rwanda qui ressemblait à celui qu'il avait vu dans les livres d'histoire de son enfance. Hubert m'avait parlé de ses grands-parents. Son grand-père paternel avait été fonctionnaire colonial au Congo. Où aillais-je trouver le Rwanda décrit dans les livres de l'époque coloniale du grand-père de mon ami ? Je finis par trouver un endroit qui pourrait ressembler à celui que mon ami aurait voulu voir.

Nous avions quelques dernières courses à faire. Nous avons demandé à nos amis de les faire pour nous. Nous ne pouvions pas quitter le Rwanda sans qu'Hubert apaise sa curiosité. Je me suis dit que je devais lui faire visiter le village de mes grands-parents, loin de la capitale. Là où, enfant, je passais mes vacances, là où je me suis roulé dans l'herbe avec mon amie d'enfance Donata, là où l'on pouvait encore trouver des bandes de singes. Il fallait que Hubert visite la région du Bugesera.

Depuis qu'il avait appris que j'avais survécu au génocide, il avait lu plusieurs livres sur le sujet, dont celui de Jean Hatzfeld, *Dans le nu de la vie*[17]. Le massacre des Tutsis dans les vallées de papyrus de Cyugaro, dans

17. Seuil, 2000.

cette région du Bugesera, l'avait beaucoup marqué. Nous devions passer la rivière Nyabarongo, une des rivières qui se déversent dans le Nil. Hubert avait appris cela dans son cours de géographie. Il avait vu à la télévision cette rivière charrier des cadavres pendant le génocide des Tutsis.

Quand nous sommes arrivés sur le pont, j'ai fermé les yeux. Je ne voulais pas voir ces eaux. Hubert a regardé le paysage, la forêt de papyrus tout autour de nous. La vue est toujours magnifique. Il a voulu me poser des questions, mais face à mes yeux presque fermés, il s'est tu.

Nous sommes arrivés à l'église de Ntarama. Des centaines de familles tutsies y ont été massacrées. Quand les tueries ont commencé au Bugesera, des Tutsis se sont réfugiés dans l'église, espérant y être protégés. Le 14 avril 1994, le préfet François Karera était passé et avait promis des militaires pour les protéger. C'était un mensonge. Le lendemain, il était revenu avec des militaires et des miliciens interahamwe dans des bus de la société parastatale Onatracom. Dans cette région du Bugesera se trouvait le camp Gako, l'un des plus importants camps militaires du Rwanda. Les militaires qui exterminèrent les Tutsis de Ntarama venaient de ce camp. Les réfugiés se défendirent comme ils purent contre les assaillants hutus, mais ils furent massacrés avec des grenades et des fusils. L'église de Ntarama fut une boucherie. Celui qui n'a jamais visité cette église, ou une autre des églises devenues des mémoriaux du génocide, ne comprendra jamais le traumatisme des survivants.

Nous avons passé le mémorial de Ntarama. Je n'ai pas voulu y conduire mon ami Hubert. C'était le dernier jour de notre séjour au Rwanda. Je ne voulais pas lui imposer la vue de ces milliers de corps déchiquetés par les machettes et les grenades. Nous avons passé l'école primaire de Cyugaro et la route s'est arrêtée sur une petite colline surplombant la vallée.

La rivière Akanyaru vue de la propriété
des parents de l'auteur

Nous avons abandonné notre taxi là et descendu la colline. Tout en bas s'étend une longue vallée de papyrus verdoyants. La vue est à couper le souffle. Dans cette vallée coule une rivière qui zigzague comme si elle jouait avec la nature. Hubert m'en demanda le nom. Je lui expliquai que c'était la rivière Akanyaru.
Nous avons parcouru quelques mètres pour arriver dans un champ de sorgho[18]. J'ai dit à

18. Céréale cultivée en Afrique.

Hubert : « Voilà le bastion de ma famille. » Il a cherché la maison mais ne l'a pas trouvée. Ses yeux m'interrogeaient. Ses lèvres avaient du mal à formuler la question. Je l'ai aidé : « Tu veux savoir où se trouve la maison de mes grands-parents ? Où ils sont ? » Je lui ai expliqué qu'ils avaient été tués en avril 1994. Leurs corps avaient été jetés dans la rivière Akanyaru. Leurs esprits étaient certainement dans cette vallée de papyrus. Quant à la maison, elle avait été détruite par les assassins. C'étaient des voisins de mes grands-parents. Comme si leur esprit était là et comprenait ma grande souffrance, une multitude de papillons multicolores est apparue dans le champ de sorgho. Ils faisaient une sorte de ballet. Nous fûmes émerveillés. Sans le vouloir, j'ai commencé à réciter les noms de mes grands-parents, les noms d'oncles et de tantes que je n'ai pas connus car ils avaient été emportés par le génocide. Ils étaient tous là devant nous, semblant danser pour moi. Nous étions debout sur un talus qui nous permettait de voir toute cette vallée de papyrus et les belles collines vertes de l'ancienne commune de Mugina où, en avril 1994, des centaines de filles tutsies originaires de Bugesera s'étaient réfugiées dans une église catholique. Les Interahamwe et les militaires les avaient fait sortir de l'église, leur avaient ordonné de se déshabiller, les avaient fait descendre ces collines vertes, les avaient violées dans ces papyrus et puis les avaient tuées.

Je m'étais assis et je revivais les histoires que mon père me racontait sur son adolescence. C'est sur ce même talus qu'il passait ses week-ends avec celle qui devint sa femme et plus tard ma mère. Ils se tenaient la main et regardaient souvent le soleil se coucher derrière la vallée. Là, ils parlaient de leur avenir, de leur projet de mariage, des enfants qu'ils auraient. J'étais le seul survivant de leurs rêves et de leurs promesses. Des larmes coulaient sur mes joues sans que je m'en rende compte. Comment le Créateur avait-il pu laisser le sang d'un million d'innocents couler sur ces beaux paysages ? Hubert m'avoua plus tard qu'il avait eu l'impression que je n'étais pas présent. La joie et la douleur se partageaient mon visage. J'étais en communion avec l'esprit de mes ancêtres, de tous ces innocents tués parce qu'ils étaient Tutsis ou parce que leurs assassins les considéraient comme tels.

Après cette expérience, nous avons remonté la colline pour retrouver notre taxi et nous avons pris la route pour rentrer à Kigali. Durant tout le trajet, Hubert n'a prononcé aucun mot. Il avait voulu voir cette partie du Rwanda. Il l'avait vue.

Avant de passer de nouveau la rivière Nyabarongo, nous avons dépassé un groupe de jeunes filles et de garçons. Ils marchaient sur le bord de la route, ils riaient aux éclats. Ils étaient heureux. J'ai vu Hubert fixer une jeune fille parmi le groupe. Elle était très belle, très élancée, avec des formes parfaites mais elle ne portait pas de chaussures. Elle avait une robe simple, certainement ces robes de seconde main importées d'Europe ou d'Amérique. Malgré sa pauvreté, elle était très propre, très élégante. Cette fille avait quelque chose de particulier par rapport à ses compagnes qui, elles aussi pourtant, étaient très belles, mais elles avaient l'air tristes. La fille aux pieds nus, elle, éclatait de rire et dégageait une grande joie de vivre. Hubert avait du mal à respirer. Mon ami était tombé amoureux des filles de mon pays. Je n'ai pas pu m'empêcher de le taquiner. Je lui ai dit que, selon mon père, les plus belles filles du Rwanda venaient de la région du Bugesera. Il ne s'était pas trompé. Elles étaient très belles. Mais, pendant le génocide, les Tutsies avaient été tuées comme les autres Tutsis de la région, et même certaines filles hutues. Pour les Interahamwe, originaires des préfectures du nord du Rwanda, toutes les belles filles étaient tutsies. Mon père m'avait raconté qu'un ami du Nord lui avait rendu visite quand ils étaient tous deux étudiants à l'école secondaire. Mon père lui avait fait rencontrer ses amies du village. Chaque fois, son invité lui demandait si la fille était une enseignante, parce qu'elles étaient bien habillées et très « classe »! Mon père m'avait également raconté que, bien avant le génocide, surtout au lendemain de la guerre dite d'octobre 1990, les extrémistes hutus diabolisaient les filles de la région qu'ils qualifiaient d'*ibizungerezi*, de filles-vipères[19]. Mon père me disait que les riches de Kigali passaient leurs week-ends à Nyamata, un centre commercial avec des bureaux administratifs, une école secondaire et une église, pour admirer les belles filles au marché ou à la sortie de la messe. Un des quartiers de Nyamata, appelé Ku Gahembe, était connu pour ses très belles filles. Les hommes qu'elles avaient éconduits propagèrent la rumeur qu'elles portaient malheur. Pendant le génocide, très peu de filles de cette région survécurent. La majorité d'entre elles furent sauvagement violées et tuées par les Interahamwe et les militaires du camp de Gako, en avril 1994. Le commandant de ces militaires, le colonel Phénéas

19. Dans le journal *Kangura* n° 29, de janvier 1992, le journaliste Noël Hitimana, dans un article intitulé « Du désordre dans le bureau de recensement de Muhima », écrit que les filles tutsies ont quitté la région du Bugesera pour monopoliser les emplois dans ce service. Alors que les Tutsis, particulièrement ceux originaires du Bugesera, étaient soumis aux quotas ethniques dans les écoles et dans les emplois, les extrémistes hutus prétendaient que les filles tutsies monopolisaient les postes dans la fonction publique et dans le secteur privé, ce qui était complètement faux.

Munyarugarama, serait mort en République démocratique du Congo. Finalement, il semblerait que le diable soit mortel, mais je laisse ce débat aux philosophes.

Avant de retraverser le pont de la Nyabarongo, j'ai demandé au chauffeur de taxi de faire un rapide détour au Bugesera Lodge, un hôtel appartenant à un couple d'amis franco-rwandais, Jocelyne et Jean Christophe Mulera. Je voulais que mon ami mange dans un hôtel d'un autre style. Le couple nous reçut avec son accueil légendaire. Jocelyne nous fit griller un poulet élevé à l'air libre, qu'on appelle « bio » en Europe. Il était accompagné de bananes grillées sur du charbon. Avec une bonne bière Skol, nous avons eu un repas aussi bon, sinon meilleur, que celui de notre hôtel luxueux au milieu du parc national. Sur le chemin du retour, Hubert souriait. Il était très heureux.

Le Bugesera Lodge

De retour en Belgique, Hubert me confia que certaines personnes de la génération de ses parents, surtout ceux qui avaient vécu au Rwanda, ne voulaient pas accepter que, malgré le génocide, les Rwandais se soient reconstruits. Ils ne voulaient pas accepter qu'il y eût de très belles maisons, de coquettes villas dont les propriétaires n'avaient rien à envier aux villas d'Uccle ou à d'autres quartiers chics de Bruxelles. Tous ces pays dits pauvres les intéressaient tant qu'ils y rencontraient la misère. Cette misère les aidait à croire que leur Belgique natale était le meilleur pays au monde. Ils n'avaient pas pu trouver au pays, après plusieurs années dans les anciennes colonies belges, la qualité de vie qu'ils avaient eue là-bas. Pour ces nostalgiques de l'époque coloniale, tous les étrangers venus en Belgique avaient choisi ce pays parce que la vie y était facile.

Non, la vie n'est pas facile pour ces étrangers. Parfois, ils ne trouvent pas de travail, non parce qu'ils manquent de qualification mais parce qu'ils n'ont pas le bon nom ou la bonne couleur de peau. Même trouver un logement, pour certains d'entre eux, relève d'un parcours du combattant. Combien de fois ai-je entendu des amis autochtones me dire que j'étais chanceux de vivre en Belgique, que la vie y est meilleure que dans le pays de mes ancêtres et en général sur le continent africain ? Bien sûr, je suis heureux de vivre en Belgique, je me sens chez moi, mais la vie n'y est pas nécessairement meilleure qu'ailleurs. Tout dépend de la situation de la personne. Quand mes amis me disent cela, se rendent-ils compte des obstacles que j'ai surmontés pour arriver là où je suis? Tout le monde ne connaît pas ces obstacles :

ils dépendent de la couleur de la peau, de la religion et du pays d'origine.

À l'université quand j'avais mieux travaillé que mes camarades belges blancs, je devais convaincre mes professeurs que je n'avais pas triché. Mon professeur d'histoire contemporaine me rendit la vie particulièrement difficile. Il aimait dire dans son cours que l'Afrique n'avait pas d'histoire, que c'était un continent condamné à connaître des guerres tribales. Un jour, à propos du génocide commis contre les Tutsis au Rwanda en 1994, il parla de tueries interethniques, de criminels qui se massacraient entre eux depuis plusieurs décennies. Je n'avais pas pu supporter ces propos et, m'autorisant à parler sans y être invité, j'expliquai que c'était une clique politico-militaire au sein des élites hutues qui avait planifié et exécuté l'extermination des civils tutsis. Les Tutsis avaient été tués parce qu'ils étaient tutsis. Ils n'avaient rien fait. Ils ne participaient pas à la guerre civile qui opposait l'armée rwandaise aux combattants du Front patriotique rwandais. Le professeur d'histoire avait été surpris par ma témérité mais ce jour-là, je gagnai son respect. Il devint presque comme un parrain pour moi. Il m'a accompagné dans mon parcours académique et ma reconnaissance lui est éternellement acquise. Mes deux dernières années à l'université furent les plus belles années de ma vie.

Quand je suis sorti la première fois avec une camarade d'université, elle m'a expliqué qu'elle aurait dû mal à me présenter à ses parents, car aucun étranger n'avait passé le perron de leur maison. Elle était en fait gênée de me dire qu'aucun noir n'était entré chez eux, excepté le facteur d'origine africaine qui, paraît-il, devait déposer les colis sur la première marche des escaliers de la grande villa familiale (le courrier ordinaire était déposé dans une boîte derrière le portail de la maison). Nous avons vécu une belle aventure pendant trois ans. Je l'avais présentée à tous mes amis. Je l'aimais beaucoup, mais je ne pouvais pas vivre avec elle sans la bénédiction de ses parents. Je suis orphelin, je n'allais pas vivre avec une « fausse » orpheline ! J'ai beaucoup souffert de notre rupture. Alors que, dans la culture de mes ancêtres, on déteste les psychologues, j'ai dû en consulter une pendant plusieurs années. Une fois guéri de cette rupture, je me suis lié d'amitié avec une ancienne camarade d'université dont les parents étaient originaires de la région du Rif, au Maroc. À l'université où je préparais mon master, cette beauté m'avait beaucoup aidé dans mon cours de statistiques que j'ai suivi pendant trois ans sans succès. Nous avons visité ensemble le Maroc. Elle m'a présenté ses oncles restés au pays. Ces derniers m'ont béni et m'ont accepté comme un membre de la famille. Je me disais, cette fois, ça y est, j'ai trouvé la femme de ma vie. Et puis un jour, cet amour est mort, comme le premier. Aminata – c'est son nom – m'avait invité au mariage d'une cousine à Casablanca. Après la cérémonie, nous avons passé quelques jours de vacances au pays. Un jour où nous étions sortis dans une boîte de nuit à la mode, je me suis battu avec un de ses cousins dans les toilettes. Il m'avait traité de *kafir*, une insulte impardonnable dans le monde musulman. Je lui ai cassé deux dents et le nez. Au retour du Maroc, Aminata m'a fait comprendre que notre amour n'aurait pas la chance de survivre au conservatisme de certains membres de sa famille. Nous nous sommes séparés tout en restant amis. Ma princesse du Rif est restée ma confidente.

Je vous épargne tous mes déboires dans la recherche d'un emploi digne de ma formation universitaire. J'ai toujours eu le sentiment que mon nom imprononçable pour les Belges autochtones me jouait de mauvais tours. Certains de mes amis belges d'origine étrangère me remontaient souvent le moral avec des blagues : « Change ton nom en Van quelque chose, ou en Dupond ! » Mais cette triste étape de ma vie est loin derrière moi. Aujourd'hui, j'ai trouvé ma place. J'ai un travail que j'aime beaucoup et des collègues formidables.

Tous ces immigrés, tous ces réfugiés, n'ont pas quitté leurs pays de plein gré. Pour beaucoup d'entre eux, leur cœur est resté là-bas. Ils aiment la Belgique comme ils aiment leur patrie d'origine.

Vivre avec son passé

Lors de mon discours en faveur de l'accueil des réfugiés syriens, j'avais rassuré mes concitoyens du Hainaut : ils n'avaient rien à craindre. Ces réfugiés avaient fui la guerre. La Syrie était un pays avec une civilisation millénaire, un pays important dans l'histoire du christianisme. Je me souvenais de mes leçons d'histoire au petit séminaire. Paul de Tarse, qui devint Saint Paul, se convertit au christianisme sur la route de Damas. Enfin, le premier alphabet du monde avait été inventé en Syrie. Notre commune allait accueillir des réfugiés venus d'un pays avec une histoire ! « À la fin de la guerre, ils retourneront chez eux », m'étais-je entendu conclure. Mais pourquoi devraient-ils retourner chez eux, à la fin de la guerre ? Ce choix leur appartenait. Pour le moment, ils avaient besoin d'un toit et d'un travail pour reprendre une nouvelle vie, loin de chez eux.

Après cette réunion, le bourgmestre m'a offert un verre au bar du village. Il était content de ma plaidoirie. J'étais cependant un peu déçu que mon meilleur ami burundais Louis, un autre bel exemple d'intégration, n'ait pas assisté à la réunion. Il était au courant, mais il avait un match de tennis. Quand il ne joue pas au tennis, il fait du vélo avec ses riches copains. C'est une activité très importante pour lui. Il appelle cela son *networking*. Quand il fait beau, on peut organiser un barbecue et parler d'autres choses que de la guerre, de la misère et des réfugiés !

Cela fait plus de vingt-cinq ans qu'il n'est pas retourné au pays. Quand je suis rentré du Rwanda avec mon ami Hubert et notre groupe, j'ai ramené des avocats pour la famille de Louis. Il m'a regardé, étonné. Je lui ai dit que je voulais lui rappeler les avocats de son Burundi natal. Il n'a pas compris pourquoi je m'étais donné tant de mal pour lui trouver des avocats à huit heures de vol. Un autre de mes amis rwandais, Gabriel, n'avait pas pu assister à cette réunion. Lui passe son temps dans les avions. Il voyage beaucoup entre Dubaï, la République démocratique du Congo (RDC), Kampala et Anvers, car il vend des pierres précieuses. Son milieu est fermé : avec ses amis, on parle d'or, de diamant, de voitures de sport et d'immobilier. Je lui ai demandé un jour ce qu'il faisait dans cette commune rurale, alors qu'il avait de quoi s'offrir une villa à Uccle ou à Waterloo. Il m'a répondu avec un sourire malicieux que l'air de la campagne était bon pour son business. Je n'ai pas osé continuer cette conversation. C'est sa vie privée. J'ai essayé de me rapprocher de lui, même si, pour être honnête, je ne l'estimais pas beaucoup. Nous venions du même pays, nous parlions la même langue et nous nous étions retrouvés tous les deux dans cette nouvelle patrie. Je me disais que nous devions être soudés, nous entraider. Chaque fois que je lui parlais du Rwanda, il fuyait le sujet. Un jour, je lui ai demandé quand il était rentré au pays pour la dernière fois. Il m'a répondu que c'était « avant l'avion ». Innocemment, je lui ai demandé de quel avion il parlait. J'ai fini par comprendre qu'il se référait à l'attentat contre le président Habyarimana. Depuis, je fais attention aux conversations que j'ai avec mes compatriotes rwandais. Nous avons des lectures différentes de l'histoire de notre pays ! Pour nous, les rescapés du génocide commis contre les Tutsis, il y a un avant et un après le début des massacres qui ont commencé le 7 avril 1994. Pour les extrémistes hutus, il y a un avant et un après le 6 avril 1994 parce que, pour eux, l'attentat contre l'avion du président Habyarimana est la cause du génocide, même si le TPIR et d'autres recherches ont démontré que l'attentat n'en a pas été la cause mais l'élément déclencheur. Alors que le 7 avril, nous commémorons les victimes du génocide, ces extrémistes rendent hommage au président Habyarimana comme s'ils faisaient partie de leur famille.

Il y a une troisième catégorie de Rwandais réfugiés ici, qui ne considèrent pas ces deux dates. Pour eux, il y a le Rwanda d'avant 1990 et le Rwanda d'après 1990. Ils expliquent les massacres par cette guerre. Ils oublient facilement que plus d'un million de morts, en majorité des Tutsis, étaient des civils et non des combattants !

Ces trois événements me permettent de situer « politiquement » ou « idéologiquement » mes compatriotes et cela me permet de me protéger, car mes blessures morales ne sont pas cicatrisées et ne le seront jamais. Les Tutsis qui ont été tués en 1994 l'ont été à cause de leur ethnie.

La rage de vivre

Après la réunion sur l'accueïl des réfugiés syriens et le verre partagé avec le bourgmestre, je suis rentré tard à la maison. La soirée avait été très conviviale, nous avons pris le temps de parler de la vie sociale de notre commune. Les enfants étaient déjà au lit. Mon épouse m'attendait.

« Tu as été formidable à la réunion », m'a-t-elle dit. Elle était convaincue comme moi que les réfugiés syriens trouveraient leur place. Leur intégration ne serait pas facile, mais la plupart d'entre eux se battraient pour leurs enfants, pour leurs parents éparpillés dans le monde. Quand leur pays recouvrerait la paix, ils rentreraient chez eux. Ils participeraient à sa reconstruction. Ceux qui ne rentreraient pas trouveraient en Belgique leur place de citoyens à part entière. Ils se battraient, comme moi.

> Depuis toujours, il y a eu des mouvements de population. L'humanité est nomade, mais aujourd'hui les gens sont effrayés par cela. Et plutôt que de regarder et comprendre ce qui fait bouger ou fuir les populations, ils les stigmatisent, les repoussent, les regardent même mourir dans une totale indifférence[20].

Comme partout ailleurs, il y a des racistes, des xénophobes, des islamophobes, mais la loi est la même pour tout le monde. La Belgique est un État de droit. Il n'y a peut-être pas autant d'opportunités qu'au Canada, qu'en Australie ou en Nouvelle-Zélande, mais elle reste un pays d'accueil. J'aime bien ma seconde patrie. La vie y est belle. J'emmerde les racistes! On ne choisit pas

---

20. Lydia Martins Viana, *L'Inconnu,* Les éditions Arcane 17, 2021, p. 141.

sa couleur de peau et l'endroit où l'on naît. J'aime la vie. J'ai respecté la promesse faite à mon ami qui, après l'annonce de l'assassinat de ma famille, m'a demandé de survivre. Je voudrais lui dire aujourd'hui que je vis.

Ce livre s'appuie sur des faits réels.
Ne cherchez pas à vérifier l'identité des personnages et les lieux des événements !
Une partie de cette histoire est peut-être la vôtre.

Remerciements

Je voudrais exprimer toute ma reconnaissance une fois de plus à Claude Pardons pour sa générosité. Ma gratitude lui est éternelle. Il a toujours été généreusement disponible pour moi. Merci à Claudine Vidal et à Marc Lepape pour leurs corrections pertinentes. Merci à ma tendre épouse Immaculée Mukamuhirwa pour la mise en forme du manuscrit.

Toute ma gratitude à Patrick Charlier, directeur d'UNIA, d'avoir accepté de préfacer ce livre. À travers lui, j'exprime ma reconnaissance à tous les anciens membres de la Ligue des droits de l'homme qui m'ont accueilli en son sein à mon arrivée en Belgique. Je pense notamment à Pierre Herbecq, à Maître Georges-Henri Beauthier, à Sabine Missistrano, Olivier de Schutter, Dan

Van Raemdonck. Vous m'avez aidé à trouver ma place dans ce pays qui est devenu ma patrie. Je n'ai jamais oublié votre bienveillance, votre générosité et votre amitié. Je continue de croire dans les valeurs que vous avez défendues et que vous continuez à défendre.

Mes remerciements à deux amies rwandaises qui se reconnaîtront qui m'ont aidé à décrire la femme rwandaise dans sa beauté et sa grâce. Merci à MC et à UB.

Toute ma gratitude à toutes les associations belges qui s'occupent des personnes réfugiées. On ne quitte pas définitivement son pays pour le plaisir de voyager. Chaque réfugié est un orphelin, orphelin de sa patrie.

Repères chronologiques

6 avril 1994	Attentat contre l'avion du président Juvénal Habyarimana.
7 avril 1994	Assassinat du président de la Cour constitutionnelle Joseph Kavaruganda, de la Première ministre Agathe Uwiringiyimana, du ministre Landoald Ndasingwa, du ministre Frédéric Nzamurambaho, du ministre Faustin Rucogoza. Début du génocide des Tutsis et du massacre des Hutus opposés au génocide. Assassinat de dix Casques bleus belges. Un communiqué du ministère de la Défense demande à la population de rester à la maison. Les rues sont occupées par les Interahamwe, les militaires et les gendarmes qui tuent les Tutsis et les Hutus opposés au génocide.

8 avril 1994	Échanges de tirs entre la garde présidentielle et le bataillon du FPR cantonné au CND.
	Assassinats de Tutsis réfugiés à la congrégation des frères joséphites à Nyamirambo. Les victimes sont tuées par des soldats des Forces armées rwandaises.
	Les chefs des ailes extrémistes des partis politiques se réunissent au ministère de la Défense. Sont présents Mathieu Ngirumpatse (MRND), Édouard Karemera (MRND), Ferdinand Kabagema (MRND), Joseph Nzirorera, Froduald Karamira (MDR), Agnès Ntamabyaliro (PL), Donat Murego (MDR), Justin Mugenzi (PL), H. Nsengiyumva Rafiki (PSD).
9 avril 1994	Prestation de serment des ministres du gouvernement intérimaire.
	Premier conseil des ministres du gouvernement intérimaire.
	Meurtre de centaines de Tutsis réfugiés à l'église des Pallotins de Gikondo.
Entre le 7 et le 9 avril 1994	Des barrages routiers sont dressés à Kigali, la capitale. Ils sont contrôlés par l'armée et les Interahamwe.

Entre le 10 et le 13 avril 1994	Des machettes sont distribuées aux Interahamwe dans les quartiers populaires de Nyamirambo.
Entre le 10 et le 15 avril 1994	Le brigadier communal Rwabukamba dirige une attaque contre les Tutsis réfugiés au complexe de Ruhanga. Les assaillants comprennent des éléments de la garde présidentielle, des policiers communaux et des Interahamwe.
11 avril 1994	Les Casques bleus belges de la MINUAR quittent l'École technique officielle de Kicukiro, abandonnant sur place des milliers de réfugiés tutsis. Massacre de Tutsis réfugiés à l'École technique officielle de Kicukiro. Massacre de Tutsis sur la colline de Nyanza (Rebero). Assassinat de l'ancien ministre Boniface Ngulinzira. Réunion des préfets avec les ministres du gouvernement intérimaire à l'Hôtel Diplomate à Kigali.

12 avril 1994	Le gouvernement intérimaire quitte la capitale et s'installe à Gitarama. L'état-major des FAR refuse de quitter la capitale et reste à Kigali. Massacre de 300 Tutsis dans la mosquée de Mabare, dans la commune de Bicumbi (Kigali rural). Ils sont tués aux fusils et aux grenades.
13 avril 1994	Massacre de Tutsis réfugiés à l'église catholique de Musha (Kigali rural).
14 avril 1994	Fin de l'opération d'évacuation française Amaryllis qui avait commencé le 9 avril 1994.
15 avril 1994	Assassinat de 60 Tutsis réfugiés à l'IAMSEA à Remera. Des éléments du bataillon para-commando sont les auteurs de ce massacre.
18 avril 1994	Massacre de Tutsis sur la colline de Mwulire.

24 avril 1994	Georges Rutaganda, deuxième vice-président des Interahamwe, distribue des armes à feu aux Interahamwe du secteur de Cyahafi dans la capitale rwandaise.
16 mai 1994	Le conseil de sécurité de la préfecture de Butare décide de bannir les drapeaux des partis politiques. Toutes les jeunesses des partis doivent se mettre à la disposition des Interahamwe.
22 mai 1994	Prise de l'aéroport de Kigali et du camp militaire de Kanombe par les combattants du FPR.
12 juin 1994	Prise de la ville de Gitarama par les combattants du FPR.
17 juin 1994	Assassinat de 50 Tutsis au Centre pastoral Saint-Paul et de centaines de Tutsis à l'église Sainte-Famille par des Interahamwe.
4-5 juillet 1994	Prise de la ville de Kigali par les combattants du FPR.
19 juillet 1994	Prestation de serment des membres du gouvernement de transition.

Liste des acronymes

CELA	Centre d'étude de langues africaines
CND	Conseil national de développement
ETO	École technique officielle
FPR	Front patriotique rwandais
IAMSEA	Institut africain et mauricien de statistique et d'économie appliquée
MINUAR	Mission des Nations Unies pour l'assistance au Rwanda
MDR	Mouvement démocratique républicain
MRND	Mouvement révolutionnaire national pour le développement
RDC	République démocratique du Congo
RTLM	Radio télévision libre des Mille collines
PL	Parti libéral
PSD	Parti social-démocrate
TPIR	Tribunal pénal international pour le Rwanda

Bibliographie

Ouvrages sur le Rwanda

Chrétien Jean-Pierre (sous la direction de), *Rwanda. Les médias du génocide,* Karthala, 1995.

Florent Piton, *Le génocide des Tutsis du Rwanda*, La Découverte, Paris, 2018.

De Coninck Franck, *Conflits et diplomatie en Afrique centrale, Témoignage d'un ambassadeur,* L'Harmattan, 2022.

Hoyois Pascale, *Kigali-Manhattan,* Edilivre, octobre 2022.

Hurel R. P. Eugène, *La poésie chez les primitifs ou Contes, fables, récits et proverbes du Rwanda (Lac Kivu),* Bruxelles, Goemaere Imprimeur, 1922.

Jankélévitch Vladimir, *Le pardon,* Aubier, Montaigne, 1967.

Murebwayire Pélagie, *Modes d'expression agressive dans le contexte socioculturel rwandais,* Bruxelles, PIE Peter Lang, 2012.

Pagès Albert, *Au Rwanda, sur les bords du lac Kivu. Un royaume hamite au centre de l'Afrique,* Bruxelles, 1933.

Ricœur Paul, *La mémoire, l'histoire, l'oubli*, Le Seuil, 2000.

Jugements

Le Procureur c. Georges Anderson Nderubumwe Rutaganda, affaire n° ICTR-96-3-T, Jugement et sentence, 6 décembre 1999.

Le Procureur c. Laurent Semanza, affaire n° ICTR 97-20-T, Jugement et sentence, 15 mai 2003.

Le Procureur c. Ferdinand Nahimana et consorts, affaire n° ICTR-99-52-T, Jugement et sentence, 3 décembre 2003.

Le Procureur c. Juvénal Rugambarara, affaire n° ICTR-00-59-T, Jugement portant condamnation, 16 novembre 2007.

Ferdinand Nahimana et consorts c. Le Procureur, affaire n° ICTR-99-52-A, Arrêt, 28 novembre 2007.

Le Procureur c. Théoneste Bagosora et consorts, affaire n° ICTR-98-41-T, Jugement portant condamnation, 18 décembre 2008.

Le Procureur c. Tharcisse Renzaho, affaire n° ICTR-97-31-T, Jugement et sentence, 14 juillet 2009.

Le Procureur c. Ferdinand Nahimana, affaire n° MICT-13-37-R.1, Décision relative à la demande en révision présentée par Ferdinand Nahimana, 16 novembre 2015.

Crédits photographiques

p. 92 : Immaculée Mukamuhirwa.
p. 98 : Gianluigi Guercia/AFP.
p. 98 : photo personnelle de la famille.
p. 122 : photo de l'auteur.
p. 129 : photo offerte par Jean-Christophe Mulera.

Table des matières

Composition et mise en page : Thomas Ragage

Achevé d'imprimer par Corlet, 14110 Condé-en-Normandie
N° d'imprimeur : 24010248 – *Imprimé en France*
Dépôt légal : février 2024
N° d'édition : 00299